MEMORANDUM

DU

PRINCE D'ARMÉNIE.

A. S. M. I.

ALEXANDRE II.

EMPEREUR DE TOUTES LES RUSSIES.

NOUVELLE EDITION,

REVUE ET AUGMENTÉE.

PARTIE PREMIÈRE

1861.

A LA POSTÉRITÉ

Que direz-vous, races futures,
Si quelque fois un vrai discours
Vous recite les avantures
De nos abominables jours?

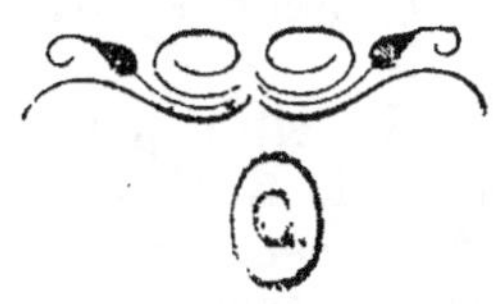

MILAN, IMPRIMERIE SCOTTI.

PIÈCE JUSTIFICATIVE

Acte de Dépôt de Documents
fait par M. le Prince Léon d'Arménie, Prince de Koricosz.

L'an du Seigneur mil huit cent cinquante six et le trois juin, à neuf heures du soir à Turin, et dans mon étude au second étage, rue Saint-Philippe, Nº. 21 devant moi François Borgarello, Notaire à la résidence de Turin et en présence de Messieurs François Bonzanigo et Frédéric Mosso, tous deux nés et domiciliés à Turin, témoins requis, connus et aptes assistants, et avec les comparants, connus aussi, ayant signé avec moi, a comparu en personne, M. Le Prince Léon d'Arménie, Prince de Koricosz, fils de feu le Prince Joseph d'Arménie, Prince de Koricosz, né à Etschmiadzin et présentement résidant à Turin, et à moi déclaré comme tel par Messieurs Michel Cito Marquis de Torrecuso, Prince Della Rocca, fils de feu le Marquis Charles, né à Naples, et Joseph Silvano, secrétaire de 1.re Classe au Ministère de la Guerre, fils de feu Joseph, né à Casal de Montferrat, tous deux domiciliés à Turin, les quels connaissant le Prince Léon d'Arménie, l'un M. le Prince Della Rocca, pour l'avoir connu quelques années dans la ville de Londres, et M. Joseph Silvano pour l'avoir connu personnellement à Saint-Pétersbourg en Russie.

Ledit Prince a déposé pour être conservées dans mes archives :

1º. Une enveloppe de lettre portant pour adresse: « Monsieur, Monsieur le Prince de Koricosz, Nº. 8649 » au dessous se trouve une ligne écrite en caractères russes, ce pli portant au dos un cachet à la Cire d'Espagne rouge, représentant une aigle à deux têtes avec serres, et deux lignes écrites en caractères russes. L'enveloppe porte le timbre de cinquante centimes.

2º. Une feuille de papier à lettre pliée et renfermée dans ladite enveloppe avec ces mots imprimés, disant: « *Secrétairerie d'Etat pour les affaires étrangères* » contenant l'Acte de naissance du Prince Léon d'Arménie, écrit sur deux pages se suivant et signé à la fin, Nesselrode. Cette feuille munie aussi du timbre royal de cinquante centimes.

Demandant qu'il lui en fût délivré acte public devant témoins.

Et moi, notaire requis, j'ai reçu, lu et prononcé l'acte à

haute, claire et intelligible voix à tous les Comparants en présence des témoins, lesquels ont signé avec moi, ainsi que pour l'enregistrement d'après le Tarif.

Signé à l'original — Léon Prince d'Arménie — Prince Della Rocca — Joseph Silvano. — François Bonzanigo, témoin, Frédéric Mosso, témoin.

Cette pièce écrite de ma propre main remplit deux pages y compris la présente sur une feuille, dans laquelle sont inclus une enveloppe carrée et l'acte de naissance dont il est parlé ci-dessus, en foi de quoi de ma propre main

FRANÇOIS BORGARELLO, Notaire.

Première insertion.

Enveloppe avec l'adresse disant: Monsieur,
Monsieur le Prince de Koricosz.
N°. 8649. Une ligne écrite en caractères russes.

Seconde insertion.

SECRÉTAIRERIE D'ÉTAT POUR LES AFFAIRES ÉTRANGÈRES.

COPIE DE L'EXTRAIT BAPTISTAIRE DU PRINCE LÉON D'ARMÉNIE, PRINCE DE KORICOSZ.

Nous, Ter Ephrem, serviteur de Jésus-Christ et par sa grâce Katholikos de tous les arméniens et Patriarche Suprême de l'Église Apostolique de Jésus-Christ, qui est aussi l'Eglise mère du Saint-Siége: occupant la Cathédrale d'Etschmiadzin, déclarons par la présente à toutes les Puissances étrangères, à notre Nation ainsiqu'à tous les Chrétiens que le Prince Léon d'Arménie, Prince de Koricosz est né à Etschmiadzin le 18 août 1821.

Les parents sont: le Prince Joseph d'Arménie, Prince de Koricosz et la Princesse Hélène de Géorgie, Princesse de Bagratian.

Notre Auguste Maître, le Prince Léon d'Arménie, Prince de Koricosz, descendant de Léon VI. Roi d'Arménie et de Marie de Hongrie de la famille du Roi Louis, issu des Lusignan, par la Princesse Pinna fille de Léon VI. Et du Prince Schahan (*) d'Arménie, Prince de Koricosz, fut baptisé le 23 septembre 1821, par

(*) Ce Prince était issu de la Maison-Princière de Lusignan-Roupénian.

Nous Katholikos de tous les Arméniens en présence de nos Archevêques dans l'Église Arménienne.

Le parrain fut : Prince Constantin de Géorgie, Prince de Bagratian.

Cet acte d'origine est donné à Notre Auguste Maître comme une preuve incontestable de ses droits.

Le Katholikos de tous les Arméniens

Etschmiadzin le 23 septembre 1821.

(Signé) EPHREM.

Pour copie conforme.

Saint Pétersbourg

(Signé) NESSELRODE.

Le 11 juin 1856, enregistré à Turin l'acte suivant. N.° 5103 — 1856 — 5 Juin.

Acte de Dépôt de Documents fait par Monsieur le Prince d'Arménie, Prince de Koricosz.

Droit fixé 3 f. Perçu trois livres.

(Art. 88 du Tarif).

Le Directeur de l'Enregistrement   *(Signé)* GAYS.

Pour copie conforme à la minute retirée par Frédéric Mosso, en foi de quoi

Turin, le 16 juin 1856.

(Signé) FRANÇOIS BORGARELLO.

Reçu vingt francs pour droit tout compris.

Turin, le 19 juin 1856.

(Signé) BORGARELLO.

Vu pour Légalisation de la signature du Notaire royal Monsieur François Borgarello.

Turin, le 11 octobre 1856.

(LS.)   *(Signé)* BARALIS, substitut archiviste Caméral.

Vu á la Secrétairerie d'État pour les affaires étrangères pour Légalisation de la Signature de Monsieur l'archiviste Caméral.

Turin, le 11 octobre 1856.

LS.)   *(Signé)* G. GATTINARA.

A SA MAJESTÉ IMPÉRIALE ALEXANDRE II.

EMPEREUR DE TOUTES LES RUSSIES.

Sire,

J'ai imploré la clémence de l'Empereur Nicolas, Votre Auguste Père, de glorieuse et impérissable mémoire, j'ai optenu de Lui qu'il me serait alloué la somme de douze mille francs par an, en dédommagement de mes biens saisis par ordre suprême, comme me l'annonce la lettre de l'aide-de-camp général de Chrapowizky, gouverneur-général militaire de S. Pétersbourg, en date du 24 septembre 1846. Je suis sorti de la Russie comme l'ordre m'en avait été intimé pour le 27 du même mois. Je me suis rendu à Londres, et depuis ce temps, c'est-à-dire, depuis bientôt quinze ans, je n'ai reçu de cette pension annuelle qu'une seule fois la somme de mille francs qui me fut payée par M. de Krehmer, Consul général de Russie dans cette capitale.

Je n'ai pas manqué, comme il était tout naturel de réclamer contre cet oubli ou ce mauvais vouloir des agents chargés de remplir les volontés de Sa Majesté, et notamment le 26 mai 1850, je Lui ai adressé une lettre pour l'informer de ce qui m'arrivait. A d'autres époques j'ai eu recours pour le même objet, à S. M. l'Impératrice, Votre Auguste Mère, pendant son séjour à Nice; plus tard en octobre 1858 à Votre Majesté Elle-même.

J'ignore absolument le sort qu'ont eu mes réclamations et je suis obligé de croire que des personnes intéressées ou mal intentionnées les ont empêchées d'arriver sous les yeux des augustes personnages auxquels elles étaient adressées, ainsique sous les yeux de Votre Majesté, car la justice et la clémence qui La distinguent n'auraient pas manqué d'y faire droit.

J'y ai donc recours encore une fois aujourd'hui et j'ai la ferme confiance qu'Elle voudra bien ordonner une enquête qui fera connaître si des dispositions ont été prises pour l'exécution des ordres donnés par l'Empereur Nicolas, Votre Auguste Père, qu'aucune communication, ni à moi, ni aux agents de Votre Gouvernement à l'étranger auxquels je me suis adressé, n'annonce avoir été révoqués par Votre Majesté.

Il s'agit d'un arriéré de près de quinze années, qui formerait aujourd'hui une somme assez considérable et l'état précaire auquel je me trouve réduit en serait un peu adouci et relevé.

J'ai l'honneur d'être,

Sire,

Votre très-humble et très-dévoué

(*Signé*) LÉON PRINCE D'ARMÉNIE.

Venise, le 2 Septembre 1861.

Adresse: au Couvent des Arméniens à Saint-Lazare près de Venise.

PIÈCE JUSTIFICATIVE

COPIE DE LA LETTRE ÉCRITE PAR L'AIDE-DE-CAMP GÉNÉRAL DE CHRAPOWIZKY, GOUVERNEUR GÉNÉRAL MILITAIRE DE SAINT-PÉTERSBOURG AU PRINCE D'ARMÉNIE.

Prince,

J'ai l'honneur de Vous informer que j'ai porté à la connaissance de l'Empereur Votre observation, que la somme de mille francs par mois Vous serait insuffisante pour vivre à l'étranger, et notamment à Londres, en dédommagement de Vos Biens saisis par l'ordre suprême.

S. M. l'Empereur m'a ordonné de Vous instruire que la somme de douze mille francs par ans a été destinée pour Votre pension, laquelle Vous sera payée, par le Ministre de l'Empereur résidant dans la Capitale où Vous habiterez.

S. M. l'Empereur part demain pour Moskou, et toute correspondance ultérieure à cet effet serait inutile.

Vous devez partir sans delai le 27 courant l'ordre est transmis à l'Amiral, pour que cet *ordre* soit exécuté à la lettre.

Recevez, mon Prince, l'assurance de ma considération très distinguée.

Le gouverneur général militaire de Saint-Pétersbourg

(*Signé*) DE-CHRAPOWIZKY.

Saint-Pétersbourg le 24 Septembre 1846.
au
PRINCE D'ARMÉNIE
  etc. etc.
à *Cronstadt*

Pour copie conforme.

Londres le 1 Juin 1861.

(Signé) WATSON.

COPIE DE LA LETTRE ÉCRITE PAR LE PRINCE D'ARMÉNIE À L'EMPEREUR NICOLAS, REMISE À S. M. I. PAR S. M. LE ROI GUILLAUME, ALORS PRINCE HÉRÉDITAIRE DE PRUSSE.

A SA MAJESTÉ IMPÉRIALE NICOLAS I.

EMPEREUR DE TOUTES LES RUSSIES.

Sire,

En 1846, l'aide-de-camp général de Chrapowizky, gouverneur général Militaire de Saint-Pétersbourg, m'intima l'ordre suprême de quitter sur-le-champ le territoire de l'Empire russe.

Tous mes effets de valeur ainsique les diamants, héritage de mes ancêtres, évalués à un million de roubles, et tout mon argent 12 mille livres sterling en fonds anglais, ou 300 mille francs m'ont été enlevés, et on ne m'a laissé que les habits que j'avais sur moi.

De tout l'argent qu'on m'a saisi, on ne m'a compté que cent ducats, laquelle somme n'était pas même la valeur d'un des diamants de mon diadême.

Et promesse m'a été faite que V. M. m'accordera à titre de dédommagement une pension de mille francs par mois pour vivre à l'étranger d'une manière convenable, ce que j'aurais pu faire si j'avais en ma possession tous les effets de valeur qui m'ont été saisis.

Malgré cette promesse que je considérais d'autant plus sacrée qu'elle a été faite au nom de V. M., je n'ai reçu depuis cette époque que la somme de 1,000 francs, laquelle me fut payée par le Consul-Général de Russie à Londres, M. de Krehmer.

Dans cet état de choses j'ai recours à la magnanimité et à la clémence de V. M. avec prière, si l'on ne juge pas à propos de me laisser vivre dans le pays dont Dieu m'a fait l'héritier, ou de me rendre mes effets de valeur ci-dessus rappelés, au moins de m'accorder comme Prince du Sang une pension, digne du rang que l'Europe me connaît.

Je m'en rapporte entièrement à la générosité et à la justice de V. M. I. et prie Dieu de vouloir L'inspirer en ma faveur.

J'ai l'honneur d'être etc.

(*Signé*) PRINCE D'ARMÉNIE.

Paris, 26 Mai 1850.

COPIE DE LA LETTRE ÉCRITE PAR LE PRINCE D'ARMÉNIE

A SA MAJESTÉ IMPÉRIALE ALEXANDRE II.

EMPEREUR DE TOUTES LES RUSSIES.

Sire,

J'ai eu l'honneur d'adresser à Votre auguste Père, S. M. l'Empereur Nicolas, d'impérisable mémoire, plus de cinquante pétitions pour la restitution de mes effets de valeur saisis en 1846, à St. Pétersbourg.

Mais mes requêtes, Je présume, n'ont pas été fidèlement remises à S. M. Impériale. Sans cela Elle ne m'eût pas laissé dans cette position pénible!

A l'époque du couronnement de V. M. Impériale, J'ai pris aussi la liberté de Lui faire parvenir une demande relativement aux effets de valeur ci-dessus mentionnés.

J'ignore pourtant Sire, si elle a été mise sous les yeux de V. M. Impériale, ma situation précaire reste néanmoins *in statu quo.*

Dans cet état de Choses J'ai recours à la magnanimité et à la clemence de V. M. Impériale, Je viens Lui faire un dernier appel et mettre au pied de son trône mon memorandum ci joint.

Si toutefois V. M. moins indifférente à mon honneur en revient à la promesse qui m'a été faite par le général aide-de-camp de Chrapowizky au nom de votre auguste Père, l'empereur Nicolas, dans une lettre datée Saint-Pétersbourg le 24 septembre 1846, dont copie se trouve dans le Memorandum ci-dessus rappelé, ce serait mettre le comble à mes voeux,

Si V. M. me tend une main cordiale, Je serai heureux d'oublier ce que le passé peut avoir eu de blessant pour moi.

Alors, Sire, mais alors seulement, Je consentirai à prendre mon nom de famille celui du Prince de Lusignan et à reprendre mon rang de Colonel en non activité des Hussards de la garde Impériale de Tzarkoselo, privilége que m'a jadis accordé l'Empereur Nicolas.

Ne suis Je pas assez malheureux, Sire, d'avoir perdu mon pays, d'être détroné, avec ma race, helas ! Un Prince du sang qui, avant la mort du corps, subissant la mort que donne l'infamie, se voit précipiter du trône ? eh bien ! ce malheur déjà si grand, la Russie vient de l'augmenter en m'enlevant le dernier moyen d'existence qui m'est resté pour soutenir et la vie et le rang sous lequel l'Europe me connaît; et pour me porter le dernier coup, les agents russes ont cru devoir s'en prendre á ce qu'il y a de plus sacré, *á mon honneur....*

Oui, Sire, c'est un long détail d'actions toutes noires.

Dont on pourrait former des volumes d'histoires.

Mais, de pareils actes que les moeurs de tous les pays reprouvent, et que les lois condamnent, Je ne crois pas qu'ils soient sanctionnés par V. M. dont la bonté de coeur est connue de l'Europe entière.

Je remets donc le tout entre les mains du Dieu tout-puissant et m'en rapporte à la générosité et à la justice de V. M. Impériale, en attendant.

J'ai l'honneur d'être,

Sire,
Votre tres-humble et très-dévoué
(*Signé*) LÉON PRINCE D'ARMÉNIE.

Venise, 31 Octobre 1858.

COPIE DE LA LETTRE ÉCRITE PAR LE CONSUL-GÉNÉRAL
DE RUSSIE À VENISE, AU PRINCE D'ARMÉNIE

Ministère Impérial
des
Affaires Etrangères

Consulat général
de
Russie
à
Trieste et Venise
le 10/22 xbre. 1858
N°. 363.

Mon Prince.

D'ordre de la Legation de Russie à Turin je suis chargé de vous restituer le memorandum et les deux requêtes au nom de S. M. l'Empereur et de S. A. I. Mg^r. le grand Duc Constantin et vous declarer que pareilles demandes ne seront jamais acceptées.

Je vous prie mon Prince de vouloir bien aquiter les frais de poste que j'ai payées en florins trois et douze creutzers pour la reception de ce paquet et les faire compter au porteur.

Veuillez agreer l'assurance de ma considération très-distinguée.

(*Signé*) COMTE CASSINI.

À monsieur. M. Le Prince d'Arménie.
Chez Mg.^r L'Archevêque de Synie.
Au couvent des arméniens de Saint-Lazare près de Venise.

NB. Nous avons jugé à propos de rapporter textuellement la lettre de Monsieur le comte Cassini, sans retoucher son orthographe. Montesquieu dit *qu'un persan doit penser et écrire comme un perse.*

COPIE DE LA LETTRE ÉCRITE PAR S. E. MIRZA DJÂFER-KHAN,
AMBASSADEUR EXTRAORDINAIRE DE S. M. LE ROI DE PERSE À LONDRES,
AU PRINCE D'ARMÉNIE.

Prince,

J'ai recu votre lettre datée de Milan le 2 decembre, et je vois avec peine la position dans laquelle vous vous trouvez.

Malgré le désir de vous être utile, je dois vous dire franchement que je ne vois pas la possibilité de le faire ici à Londres.

Comme vous vous êtes adressé à Farroukh-Khan, lorsqu'il était à Rome et qu'il connait aussi votre affaire, je pense qu'il serait mieux de lui écrire pour lui demander s'il a fait des démarches en votre faveur auprès de Sa Majesté le Châh, ou du moins de lui rappeler la promesse qu'il vous a faite d'en parler.

C'est seulement à Téhéran près de S. M. que de telles démarches peuvent être faites.

Veuilles agréer, Prince, l'assurance de ma parfaite considération.

(Signé) Mirza Djâfer-khan.

Londres, 24 decembre 1860.

À Monsieur Le Prince d'Arménie.

À Milan.

(en Italie).

NB. Comme plusieurs Journaux, nommément *le Nord de Bruxelles* ont calomnié les Gouvernements Musulmans et les Mohamétans en particulier, de même nous avons jugé à propos de livrer à l'impression cette lettre pour la rendre public.

Cette lettre ne prouve-t-elle pas que la bonté du coeur Musulman a surpassé celle des chrétiens?

Ainsi, nous ne saurions trop mettre en garde le public contre les faux bruits que des gens malintentionnés répandent et que les personnes honnêtes accueillent parfois avec une trop facile crédulité.

MEMORANDUM

DE

Mg.ʳ L'ARCHEVÊQUE DE SIRACE.

À S. E. M. de KISSELEFF

MINISTRE DE RUSSIE À ROME.

Édouard Hurmuz par la miséricorde divine et la grâce du Saint-Siége Apostolique, Archevêque de Sirace, représentant Spirituel de la Nation Arménienne près le Saint-Siége et assistant au trône pontifical, a l'honneur d'informer S. E. M. de Kisseleff, Ministre Plénipotentiaire de S. M. l'Empereur de Russie près de la Cour de Rome que la population Arménienne, fidèle à ses vieux Souvenirs, se rappelle que Léon VI. Roi d'Arménie, dans ses démêlés avec les vainqueurs d'Arménie, recourut à l'entremise du pouvoir pontifical. Cette population croit devoir réclamer aujourd'hui pour le descendant dudit Roi, le Prince Léon d'Arménie, Prince de Koricosz, la même faveur près le Saint-Siége, dans ses démêlés avec l'Empereur de Russie.

Toutes les pièces justificatives et officielles constatant le droit et le rang du Prince du sang d'Arménie existent, ce qui fait présumer à l'Archevêque que S. E. Monsieur de Kisseleff voudra bien s'intéresser à cette affaire, dont le succès doit mettre un terme à la position précaire du Prince et aussi dans le but d'éviter toute publication d'une nature affligeante pour la Russie.

En sa qualité de Pontife, l'Archevêque a donc jugé à propos de se charger cette démarche, tout-à-la fois suppliante et conciliante, auprès de S. E. Monsieur l'Ambassadeur de Russie, en faveur du Prince de la Maison ci-devant régnante d'Arménie.

L'Archevêque ne manquera point d'exprimer sa profonde reconnaissance à S. E. Monsieur l'Ambassadeur de Russie aussitôt qu'il aura bien voulu transmettre au Czar les vœux de la Nation Arménienne, et Dieu veuille que l'Empereur fasse justice au Prince d'Arménie!

Votre Excellence ne saurait ignorer que les Biens territoriaux du Prince à l'époque de la réunion de la Province Arménienne à la Russie, après la guerre de 1829, sont passés à la couronne Impériale, et en 1846, alors que le Gouverneur Général de Saint-Pétersbourg, M. de Chrapowizky eut l'ordre formel de l'exiler, on s'empara de tous ses diamants d'une grande valeur, héritage de ses ancêtres, et de tout son argent, consistant en fonds Anglais, la somme de douze mille livres sterling ou trois cent mille francs, capital qui jusqu'à ce jour ne lui a point été restitué.

Sur cet argent saisi à son détriment, le Général aide-de-Camp Chrapowizky ne lui a remis que cent ducats, avec promesse cependant de la part de l'Empereur d'une pension de mille francs par mois, en dédommagement de tous ses biens confisqués et pour l'aider à vivre à l'étranger; mais un seul mois de cette pension, c'est-à-dire mille francs lui fut payé en 1847 par le Consul-Général de Russie à Londres.

Depuis cette époque, on s'est borné à lui promettre, tantôt la restitution de ses biens, tantôt le paiement de sa pension, promesse qui a été renouvelée, par S. E. le Prince Alexis Orloff à S. A. R. le Prince Héréditaire de Prusse, aujourd'hui Prince-Régent, qui s'intéressait au sort du Prince d'Arménie, mais dont l'accomplissement est resté sans exécution.

Quand S. M. l'Impératrice-Mère vint à Nice le Prince se trouvant en Piémont, saisit l'occasion de la présence de S. M. I. dans ce pays pour Lui remettre la pétition ci-jointe.

Pour toute réponse, on lui observa qu'il devait s'adresser directement à l'Empereur son fils et que l'Impératrice appuierait la demande. Quelque généreux que fût ce conseil, le Prince a préféré faire un appel à la Nation Arménienne dont l'Archevêque de Sirace se rend aujourd'hui l'organe.

Le jeune Prince est connu personnellement de S. E. Monsieur de Kisseleff, car en 1845, alors qu'il était Ministre de Russie à Paris, il lui avait transmis par écrit la volonté de feu l'Empereur Nicolas.

L'Archevêque rappellera donc au bon Souvenir de Monsieur l'Ambassadeur de Russie qu'à cette époque le Prince était dans un état d'opulence et que sa ruine ne date que du jour où on le chassa de Russie !

Une partie de l'argent qu'on a saisi chez lui servait à l'entretien de Prêtres de sa religion ; comment, l'Empereur de Russie qui se proclame le Chef de son Église, Protecteur de l'Église Chrétienne d'Orient, peut-il laisser un Prince de la Maison de Lusignan-Roupénian, entièrement privé des consolations du culte de ses pères et cela depuis dix ans ? (!)

On a vu les Princes Indiens détrônés et chassés par l'Angleterre, mais cette Nation leur a laissé de quoi vivre, de quoi entretenir un prêtre de leur religion et pourtant il s'agissait de Mahométans ; tandis que le Prince Léon d'Arménie est Chrétien, un descendant des Rois qui firent autrefois partie des croisades ! Eh bien ! en s'emparant de son pays, de ses États, de ses Biens et de son Argent, la Russie ne lui a pas laissé même une obole ; et de plus, afin de lui porter le dernier coup, elle a cru devoir s'en prendre à ce qu'il y a de plus sacré, à son honneur... Eh quoi! Après un acte qui plonge dans le deuil l'âme des fidèles, prétendrait-on que ses coréligionnaires n'élevassent pas la voix pour proclamer hautement leurs griefs, en s'écriant tous ensemble, au nom de l'éternelle justice qui ordonne de ne pas faire à autrui ce que nous ne voudrions pas que l'on nous fît, nous protestons!

Sans approfondir davantage des détails plus affligeants les uns que les autres, l'Archevêque préfère s'en rapporter au bon et noble cœur de S. E. Monsieur de Kisseleff, et prie Dieu de daigner lui inspirer assez de zèle, et d'intérêt pour le Prince, qu'il détermine le Czar à améliorer la situation actuelle de Son Altesse.

Toute récrimination ultérieure tentée contre l'unique héritier du trône d'Arménie par le moyen de mensonges imaginaires sera énergiquement repoussée par l'Archevêque représentant de la nation Arménienne près le Saint-Siége, et assistant au trône pontifical, lequel se fera un devoir de constater, pièces en main, le rang qui appartient au Prince du Sang.

Aujourd'hui le Prince Léon d'Arménie ne vient réclamer ni ses biens territoriaux, ni la restitution des Biens ci-dessus mentionnés, dont il a été dépouillé en 1846.

Ses démarches consistent à demander de quoi vivre, ne fût-ce que mille francs par mois !

Demande tellement discrète qu'elle n'indique que trop la soumission à une force majeure! car ainsi que l'observe Shakspeare: « Hercule lui-même a dû céder à la force! »

L'Archevêque ne doit pas oublier d'ajouter que le Prince Gortchakoff, Ministre actuel des Affaires Étrangèrs à Saint-Pétersbourg, connaît personnellement le Prince Léon d'Arménie, aussi s'interessa-t-il à son sort, lorsqu'il fut Ministre à Stuttgart; mais ses démarches furent repousées par les ennemis personnels du jeune Prince, c'est-à-dire par feu le Prince Zernicheff, Ministre de la guerre et son complice feu M. Dolgorouky-Argoutinsky (*), cependant ce dernier, avant de mourir, avoua toutes les injustices qu'il avait exercées contre le Prince Léon d'Arménie, et lui fit demander pardon, ce qui a été su de tout le monde.

L'Archevêque ne croit pas devoir insister davantage, car il ne serait pas généreux de frapper sur des cadavres; aussi tient-il à ce que tout cela demeure enseveli dans un éternel oubli!

À l'époque de son couronnement l'Empereur Alexandre a marqué son avénement par des traits de haute clémence envers ceux qui avaient conspiré contre l'Empire, et qui pourront même recouvrer leur ancienne fortune.

Le Prince Léon d'Arménie ne se reconnaît d'autre tort que celui d'être Prince légitime.

Puisse le Czar répandre aussi ses bienfaits sur ce jeune Prince! C'est l'unique prière que les Arméniens se permettent d'adresser à S. M. I. par l'entremise de VOTRE EXCELLENCE.

Pour éviter tout éclat et tout retentissement, l'Archevêque a conseillé au Prince d'attendre à Rome, où il se trouve en ce moment, la réponse de S. M. l'Empereur Alexandre.

En unissant sa prière à celle de ses compatriotes, l'Archevêque de Sirace se flatte du doux espoir de pouvoir bientôt promulguer dans toutes les Arménies la magnanimité du Czar, et saisit cette occasion d'offrir à S. E. Monsieur de Kisseleff la nouvelle expression de ses sentiments de haute considération.

Fait au Palais épiscopal Arménien 95, via Capo le Case.

Rome, le 18 Janvier 1858.

(*) M. Dolgorouky-Argoutinsky était d'origine arménienne et prince breveté par le Katholikos d'Arménie son parent. Un katholikos (c'est-à-dire le Suprême Patriarche d'Arménie) du même nom éleva sa propre famille à la dignité princière!

MÉMOIRE DU PRINCE D'ARMÉNIE
À
S. M. L'IMPÉRATRICE DE RUSSIE.

Le Prince Léon d'Arménie, descendant direct de Léon VI. Roi d'Arménie ayant trouvé un refuge dans les terres hospitalières du royaume de Sardaigne, saisit l'occasion de la présence de V. M. I. dans ce pays favorisé par le ciel pour lui renouveler l'humble demande qui fut adressée à V. M. pendant son séjour à Wilbad.

V. M. ne saurait ignorer, que les derniers Princes-Souverains d'Arménie, liés par d'anciens traités à la Perse, ont dû malheureusement prendre part à la guerre que cette puissance orientale a soutenue contre la Russie.

Après la guerre, le royaume de Perse recouvra à peu près ses anciennes limites. Mais la pauvre Arménie a dû subir le joug du vainquer, son Prince réduit à l'état d'un simple particulier, et tous les biens territoriaux de la famille royale sont passés à la couronne Impériale; n'ayant d'autre ressource qu'un fond en argent comptant, et des diamants de quelque valeur.

Le Prince Léon unique héritier d'un Roi détroné, livré dans l'âge le plus tendre aux écarts de son imagination, devait tout naturellement se nourrir de ces illusions, qui n'abandonnent jamais les dynasties déchues.

Ses plaintes inopportunes déplurent au Gouvernement Impérial. En 1846 l'aide-de-camp Général de Chrapowizky, Gouverneur Général Militaire de Saint-Pétersbourg, eut l'ordre Suprême de l'exiler à l'étranger. En cette occasion on s'empara de tous ses diamants, héritage de ses ancêtres, évalués à un million de roubles, et de tout son argent 12 mille livres sterling en fonds Anglais, ou 300 mille francs, qu'on ne lui a point restitué, quand il fut à la frontière de l'Empire.

Vivant dans l'exil, il a trouvé des âmes nobles et sensibles, qui ont pris de l'intérêt à son sort. Mais leur zèle indiscret lui causa de nouveaux embarras.

Un agent russe l'ayant trouvé à Turin, l'engagea d'aller à Berlin, en lui faisant espérer, qu'il aurait trouvé un appui solide dans les augustes parents de S. M. l'Empereur Nicolas; ce n'était qu'un piége, qui lui était tendu par cet astucieux diplomate; mais, c'est grâce à la haute protection de S. A. R. le Prince Héréditaire de Prusse que le Prince d'Arménie est sorti des mains de ces intrigants...

Il est bien digne du coeur de V. M. de soulager de si grandes infortunes; le Prince instruit par une bien dure expérience dans l'exil, n'aspire désormais qu'à vivre ignoré sous le beau ciel d'Italie. Il n'implore la haute protection de V. M. que pour obtenir un capital en argent, ou une pension convenable qui lui permettrait de soutenir l'honneur de son rang, tout en ne représentant que l'intérêt d'une partie des valeurs, dont on s'est emparé à son détriment.

L'auguste fils de V. M. a voulu marquer par des traits éclatants de sa haute clémence l'époque de son couronnement. Bien des hommes, qui ont conspiré contre l'Empire, rentreront dans leurs foyers et au sein de leurs familles; ils pourront même recouvrer leurs anciennes fourtunes.

Le Prince d'Arménie n'a d'autre tort que d'avoir exprimé dans sa tendre jeunesse trop hautement des regrets, dont il ne pouvait se dépouiller. V. M. qui répand autour d'Elle tant de bienfaits, voudra bien accueillir avec son inépuisable bonté l'humble demande d'un Prince infortuné, et quand les populations empressées proclament sa générosité et lui donnent en tous lieux de vifs témoignages d'admiration et de reconnaissance, Elle ne voudra point refuser sa tout-puissante intervention auprès de l'Empereur son auguste fils pour mettre un terme aux souffrances de l'unique héritier du trône d'Arménie.

Nice, le 16 novembre 1856.

CLAUSE

Par suite de la mort du Prince Alexis Orloff, nous avons, par pure humanité, omis sa lettre que nous avons eue l'intention de livrer à l'impression pour la rendre public, comme nous l'avions, il y a quelque mois, annoncé à son fils M. le Prince Nicolas Orloff, ministre de Russie à Bruxelles.

Quoique nous fassions à nous même un grand préjudice, par cette omission; néanmoins nous n'avons pas hésité d'adopter cette voie.

Car nous ne voudrions pas que les hauts fonctionnaires russes manquassent à la mémoire du Prince défunt.

Aussi la pensée du Prince Alexis Orloff, doit-elle, à l'égard de ces gens là demeurer dans l'oubli.

Nous avons ainsi payé un tribut à la mémoire de ce grand homme, qui, pendant son vivant, avait si généreusement protegé la nation Arménienne auprès du feu Empereur Nicolas. Si, toutefois, le Roi Guillaume de Prusse en jugeait autrement, nous ne ferions pas de difficulté à rendre public ladite lettre.

Vu que le Prince Alexis Orloff nous ayant écrit cette lettre avec un langage aussi franc que loyal, eu égard à l'intervention de S. M. le Roi Guillaume, alors Prince héréditaire de Prusse.

Mais nous jugeons différemment du Prince Gortchakoff, ministre des affaires étrangères: car il saurait se défendre, au cas que nous ne rapportions avec exactitude ses propres paroles.

Son Excellence se rappelera, sans doute, qu'elle avait dans notre entrevue fréquente à Stuttgart, blâmé avec sévérité la conduite odieuse de feu M. Zernicheff, ministre de la guerre à notre égard! devrais je encore dire que le Prince Gortchakoff l'avait même traité de Vaurien?

Cela étant, comment se fait-il que M. le Prince Gortchakoff, qui est aujourdui ministre des affaires étrangères n'ait pas encore fait justice à nos réclamations?

N'est-ce pas le Prince Gortchakoff lui-même que nous avons parlé, alors ministre de Russie à Stuttgart, n'est-ce pas S. E. elle-même qui nous ayant transmis la réponse de la grande Duchesse Olga à la lettre que nous avions adressée à S. A. I. et R ?

Le Prince Gortchakoff après nous avoir communiqué que la grande Duchesse Olga ayant pris à cœur notre affaire, finit par nous assurer que S. A. I. avait promis d'en parler à l'Empereur, son auguste père pour mettre un terme à nos souffrances.

La grande Duchesse Olga a-t-elle tenu sa promesse?

Nous ne croyons cependant pas que S. E. M. le Ministre ait voulu nous tenir le bec dans l'eau en nous contant des sornettes.

Quand feu l'Impératrice de Russie fut à Nice, nous saisîmes l'occasion de Lui présenter une pétition relativement à l'affaire en question.

Pour toute réponse, on nous engagea de nous adresser directement à l'Empereur, son fils, toutefois avec promesse, que l'Impératrice, de son côté, appuierait à notre réclamation.

Aussi, conformément à la suggestion de S. M. I. envoyâmes-nous au Czar une requète tendant à nos réclamations, en date du 31 octobre 1858.

Et le Comte Cassini, consul général de Russie à Venise fut chargé par le Ministre de Russie à Turin de nous faire cette réponse à notre pétition ci-dessus rappelée; mais quelle réponse, mon Dieu! et la voici:

« *Mon Prince,*

« D'ordre de la legation de Russie à Turin, je suis chargé
« de vous restituer le Memorandum et les deux requêts au nom
« de S. M. l'Empereur et de S. A. I. Mgr. le grand Duc Constantin et vous declarer que pareilles demandes ne seront jamais acceptées. »

Ainsi comment concilier cette réponse avec celle de feu l'Impératrice à Nice?

Et pourtant nous ne réclamons ni le trône d'Arménie, ni les *Biens Territoriaux évalués à* 20 *Millions de francs* qui nous furent enlevés à l'époque de la réunion de la Province Arménienne à la Russie après la guerre de 1829.

Nos réclamations se bornent à la restitution des *Biens* ci-dessus mentionnés et dont nous fûmes dépouillés en 1846.

Après la réponse laconique du Consul-Général de Russie à Venise, il ne nous restait, en notre qualité de Prince du sang et de Catholique, qu'à implorer le Protecteur de la religion Catholique, l'Empereur des Français pour être l'arbitre dans nos démêlés avec la Russie.

Aussi, notre Memorandum à l'Empereur Alessandre, avons nous remis à son Eminence le Cardinal Morlot, Archevêque de Paris pour qu'il le soumît à l'Empereur Napoléon.

S. E. nous a fait l'honneur de la réponse suivante:

« *Prince,*

« J'ai fait avec empressement les démarches que vous de-
« mandiez de moi. Mais je suis dans l'impossibilité de vous dire quels en seront les effets.

« L'Empereur est tellement accablé de sollicitations de tou-
« tes sortes qu'on comprend qu'il soit difficile de l'y reconnaî-
tre, etc. etc. »

L'Empereur Napoléon serait resté court après avoir passé en revue tous ces augustes personnages qui s'étaient intéressés à notre sort. Telle est notre pensée. Mais nous ne croyons pas que l'Empereur Napoléon se serait ébranlé parce qu'on voulait établir un parallèle entre les Princes d'Orléans et nous.

On prétendait même qu'un diplomate russe aurait dit: *l'un vaut bien l'autre.*

En ce cas, nous répondons à cet astucieux diplomate que l'Empereur Napoléon a été plus généreux dans son procédé que d'autres Monarques en Europe. Il a fait restituer à cette famille infortunée non seulement tous leurs diamants, mais aussi toutes leurs espèces qui se trouvaient au palais des Tuileries.

Quant aux confiscations des *biens territoriaux,* c'est une coutume reçue, de tout temps, qu'un Prince de la Maison ci-devant régnante devait subir la peine à laquelle il a été condamné par un jugement du nouveau Souverain.

Si le nouveau venu prend cette précaution, c'est pour assurer son pouvoir et pour diminuer celui de son adversaire dans le pays.

Quel Prince ne sacrifiera-t-il tout pour une couronne?

Confisquer des *biens territoriaux*, et dépouiller un homme de tout son moyen d'existence, sont deux choses.

La Russie nous a fait subir l'un et l'autre !

Puisque *l'un vaut bien l'autre* selon le fameux diplomate russe, qu'il sache donc que nous ne ferions point de difficulté de changer notre bourse d'avec celle de la famille d'Orléans.

L'Ambassadeur de Perse à Londres à qui nous nous sommes adressé, avec prière, d'user ses bons offices, en notre faveur, auprès du Gouvernement russe, c'est-à-dire, en sa qualité de représentant d'un Souverain autrefois allié de notre Père, nous a fait observé que de telle démarche faite à Londres n'aboutira à rien, et que son apologie pour nous ne ferait qu'entrer dans le carton diplomatique pour aller reposer aux archives de l'ambassade russe, comme celle de l'Archevêque de Sirace, représentant de la Nation Arménienne près le Saint-Siège à M. de Kisseleff, ministre de Russie à Rome.

Voilà ce que nous sommes bien aise que l'Empereur Alexandre sache, et c'est pour L'en instruire à fond que nous avons porté tous les détails dans ce Memorandum.

« Bossuet dit: La vérité est une reine qui a dans le ciel son « trône éternel, et le siége de son empire dans le sein de Dieu. »

Massillon: « La verité, cette lumière du ciel, est la seule chose ici-bas qui soit digne des soins et des recherches de l'homme. »

Et de la Mennais: « Rien ne subsiste que par la vérité, car la vérité est l'être, et hors d'elle il n'y a que le néant. »

DISCOURS PRÉLIMINAIRE.

Le Prince Léon d'Arménie a jugé à propos, avant de soumettre à S. M. l'Empereur de Russie toutes les pièces ci-jointes, de les faire imprimer, pour que S. M. I. puisse les lire avec facilité.

Maintenant, que pourrait-il dire de plus à l'Empereur Alexandre, sinon que de transmettre à S. M. les documents ci-inclus, et d'attendre de Sa Magnanimité qu'Elle daigne faire justice au Prince d'Arménie?

C'est à César seul, a dit S. Paul, qu'appartient le droit de rendre à l'homme ce qui est à lui.

Ainsi que le comprend le Prince en faisant appel au tribunal Suprême du Czar, et soumet humblement aux yeux de S. M. I. toutes ces pièces, nommément la lettre de l'aide-de-Camp général de Chrapowizky, gouverneur général-militaire de Saint-Pétersbourg en date du 24 septembre 1846 au Prince d'Arménie.

« Il est également de la Justice et de la bonne politique d'un Souverain, à ce que nous dit le Baron de Bielfeld, de remplir scrupuleusement toutes les clauses d'un contrat, ainsi que tous les engagemens qu'il a pris par là.

Il ne doit point faire à autrui ce qu'il ne voudrait pas qu'on lui fît en pareille occasion, il doit toujours se mettre devant les yeux que rien n'est plus capable de ternir sa réputation et sa gloire, qu'une action inique, soutenue par la violence.

Qui voudrait désormais contracter avec un grand Prince, lequel n'étant point asservir au pouvoir des lois, et n'ayant au-dessus de soi aucun Juge capable de faire exécuter contre lui des sentences, violerait à son gré *les lois Divines, les lois naturelles, les lois positives* pour rompre ses engagemens? Il est donc de son propre intérêt de se faire connaître dans le monde comme observateur rigide de toutes ses promesses, et d'être à cet égard plus scrupuleux qu'un particulier que les tribunaux peuvent y contraindre. Henri-le Grand, qui, par sentiment et par réflexion, savait si bien remplir tous les devoirs de Roi, a dit plus d'une fois: *Si l'honneur est perdu, tout est perdu.* C'est aussi une des raisons pour lesquelles un Souverain doit accomplir, autant qu'il est possible « *Toutes Les Promesses Faites Par Son Prédécesseur.* » Institutions Politiques, Chap. I § xlvii. Tome second, par Baron de Bielfeld.

Grotius dit qu'il faut s'abstenir religieusement du bien d'autrui, et restituer ce que l'on peut en avoir entre les mains, ou le profit qu'on en a tiré: que l'on est obligé de tenir ce qu'on a promis: que l'on doit réparer le dommage qu'on a causé par sa faute: et que toute violation de ces Régles mérite punition, même de la part des hommes. Le Droit de la Guerre et de la paix.

Et Puffendorf décrit en ces termes: « Pour ce qui est des Biens, dans l'indépendance de l'Etat de Nature, on peut les défendre jusqu'à tuer l'injuste Ravisseur; à moins qu'il ne s'agisse d'une chose de peu de conséquence, qui ne vaille pas la peine qu'on s'empresse à la Sauver. En effet, les Biens sont absolument nécessaires pour notre conservation; et celui qui veut les enlever injustement à quelqu'un, ne se montre pas moins son ennemi, que s'il attentait directement à sa vie. » La Loi naturelle.

Enfin, le Prince d'Arménie a l'honneur de rappeler à S. M. I. qu'Elle ne devrait pas oublier que le Prince étant catholique et appartient à la véritable Eglise de Saint-Grégoire l'Illuminateur, dont il est le défenseur de cette Foi éminemment Chrétienne, il a beaucoup d'ennemis parmi les Schismatiques.

D'autre part S. M. I. sait qu'une partie des Biens confisqués, qui appartenaient aux malheureux exilés ont été donné à des *généraux* et à des *fonctionnaires russes*, d'autres ne leur ont été concédés qu'en usufruit, et le reste a été réuni aux domaines de l'Etat. De là vient que le Prince d'Arménie a essuyé et éprouve encore de grandes persécutions et vexations.

Outre la persécution on a envoyé des spadassins pous le tuer! mais la Providence n'a pas encore marqué son heure; il vit encore, malgré les dix duels qu'il a eu pendant ces 15 années d'exil. Certes, il aurait été tué dix fois, s'il n'avait pas su manier l'épée.

Aussi a-t-on recouru à la prison, espérant qu'il y mourrait.

Pour renfermer quelqu'un il faut inventer quelque mensonge, et trouver un misérable qui s'y prête, avec de l'argent, on trouve tout en Prusse, comme l'a observé M. de Lamartine dans son Histoire des Girondins, que pour de l'argent on peut corrompre, même les hauts fonctionnaires du Roi prussien. Mirabeau, dit-il, avait écrit en 1786: « Il ne peut y avoir à Berlin de secrets pour l'Ambassadeur de France que faute d'argent et d'habilité. Ce pays est Cupide et pauvre, il n'y a pas de secret d'Etat qu'on ne puisse y acheter avec 3000 ducats. »

Ainsi au lieu d'écraser et de tuer le Prince d'Arménie, on l'a grandi, car le Caïphe prussien et ses complices cherchaient, avec tout leur zèle, de faux témoignages contre le Prince, pour le faire périr. Mais ils n'en trouvaient point.

Aussi le Prince sortait-il triomphant de prison. Cependant l'Evangile nous enseigne que Pilate se fit apporter de l'eau et en lava ses mains devant le peuple, en disant: « Je suis innocent du sang de ce Juste: ce sera à vous à en répondre. » MATH. XXVII. 24.

Mais le Ponce Pilate prussien a lavé ses mains dans les ducats Russes.

De quel crime ne sont-elles pas capables ces personnes du bas étage pour l'argent et pour la décoration?

Pittacus dit: « Il est difficile d'être homme de bien. » Virgile: « Que feront les maîtres si des coquins de valets ont tant d'audace. » Et le Proverbe: « Tel maître, tel valet. » Ainsi, Hinckeldey et son agent Stieber sont de même espèce l'un et l'autre ne valent pas un sou. Les Ministres Prussiens eux-mêmes n'ont pas voulu prendre la responsabilité de cet emprisonnement illégal, et ont tout rejeté sur le sieur Hinckeldey qui est mort: d'une mort tragique!

Désappointés dans leur espérance, les ennemis politiques du Prince avaient alors inventé un autre moyen pour lui ôter la Vie, et cette fois on avait choisi un moyen bien vil.... on soudoya le poignard d'un sicaire! mais Dieu a protegé le Prince, l'assassin ne lui a fait qu'une blessure insignifiante.

C'est donc à cette raison que le cardinal Antonelli fit cette question au Prince, comme l'a dit S. Paul: « Que n'endurez-vous plutôt qu'on vous fasse tort? Que ne souffrez-vous plutôt quelque perte? » aux CORINTHIENS VI. 7. Et dans les constitutions de S. Clément, il est dit, que, si un Chrétien a un procès, il doit tâcher de s'accommoder, quand même il devrait perdre quelque chose; LIB. II. CHAP. XLV.

De son côté M. de Kisseleff, Ministre de Russie à Rome, prétendait que la Russie considère le Prince d'Arménie comme mort. (!) « Et tant qu'il est dans le tombeau, a-t-il dit au cardinal Antonelli, je ne puis rien pour le pauvre Prince, mais l'Empereur Alexandre saurait lui rendre justice. »

Or, comme le Czar de Russie professe le Christianisme, le Prince d'Arménie espère dans le cœur très-Chrétien de l'Empereur Alexandre.

Le Prince remet donc le tout entre les mains du Dieu tout-puissant, et s'en rapporte entièrement à la générosité et à la justice du Czar.

Le Prince desirant néanmoins saisir cette occasion pour faire remarquer à S. M. I. que les bruits qui ont été répandus par quelques individus de mauvaises moeurs, c'est-à-dire qui abusent de la crédulité des honnêtes gens dans leurs journaux, que tantôt ce sont les souverains de l'Europe qui auraient octroyé une pension au Prince d'Arménie, tantôt que c'est le gouvernement Anglais, sont dénués de tout fondement.

Tout cela n'a été inventé que dans le but d'exciter le Czar contre le Prince d'Arménie.

La Nation Arménienne a supplié le Prince avec instance de

livrer à l'impression tous ces documeuts pour les rendre public,
le Prince d'Arménie finit par céder à leur voeu.
1861.

Adresse permanente du Prince Léon d'Arménie, chez S. E.
Mg^r. l'Archevêque de Synie, abbé-général de l'ordre des Bénédictins-Mékitaristes, au convent Arménien de S. Lazare à Venise.

PARTIE II.

QUESTION PRÉJUDICIELLE.

La Nation Arménienne indignée du procédé de l'autorité prussienne a adressé une Protestation à la Prusse contre l'arrestation *illégale* du Prince Léon d'Arménie à Berlin.

Il est de notre devoir de la livrer à l'impression pour la rendre public, afin que les Puissances européennes soient dorénavant plus circonspectes sur leurs mandats d'arrête de ne point se laisser induire en erreur par les ennemis politiques du Prince, pour ravir illégalement la liberté de Son Altesse.

Ovide a dit que « La louve, pour s'assurer de sa proie, tend des pièges à plusieurs brebis, et l'aigle de Jupiter ne se contente pas d'un seul oiseau. »

Ainsi la population d'Arménie a la ferme confiance qu'on voudra, avant de venir à cette extrémité inouïe, pour violer et la Loi naturelle et le Droit des gens, s'adresser préalablement soit à Mgr. l'Archevêque de Sirace (*), représentant de la Nation Arménienne près le Saint-Séige à Rome, soit à Mgr. l'Archevêque de Synie (**), abbé-général de l'ordre des Bénédictins-Mékitaristes au couvent arménien de Saint-Lazare à Venise.

Ne serait-il pas honteux à une Puissance de la Nation Civilisée de faire, *sans rime ni raison*, arrêter et écrouer en prison un Prince du Sang, et cela en dix-neuvième siècle?

Cette violation du Droit des gens n'était permise que par la loi du plus fort. Et de telle barbarie la Prusse seule était capable en 1855, sous le règne du *roi-eunuque!* elle a violé en cela le droit le plus sacré des nations.

> Suivez votre caprice, offensez vos amis,
> Vous êtes Souverain, et tout vous est permis.

Nous devons avertir aussi le public une fois pour toutes de se tenir en garde contre les rumeurs promulguées par des gens

---

(*) Confesseur du Prince Léon.

(**) L'acte de naissance du Prince Léon se trouve aux archives du Couvent des Arméniens à Saint-Lazare près de Venise.

malintionnés qui ont en vue de nuire la réputation du Prince Léon,
et pour l'en instruire à fond, nous avons cru nécessaire de citer les
récits détaillés du procès intenté contre l'imposteur Stieber. Récits
qui se trouvent dans le journal de l'Indépendance Belge du 26
novembre 1860, sous sa rubrique: Nouvelles d'Allemangne.

PROTESTATION

ADRESSÉE

À M. DE MANTEUFFEL.

MINISTRE DES AFFAIRES ÉTRANGÈRES À BERLIN
PAR S. E. Mgr. L'ARCHEVÊQUE-PRIMAT D'ALZNIE
CONTRE L'ARRESTATION ILLÉGALE DU PRINCE D'ARMÉNIE À BERLIN.

Ter Paul, Serviteur de Jésus-Christ et par sa grâce Archevêque-
Primat d'Alznie à M. de Manteuffel, le protestant, Ministre
des Affaire Étrangères à Berlin, en Prusse.

C'est, Monsieur, Sous l'impression de la profonde indigna-
tion, produite par l'inqualifiable conduite de votre Gouvernement
envers le Prince Léon d'Arménie que Nous élevons aujourd'hui
la voix pour réclamer la révocation de l'agent Stieber, qui a été
soudoyé par les ennemis politiques du Prince pour violer illégalement la liberté de Son Altesse.

La conscience publique, révoltée par les infames procédés
qui ont été exercés contre la personne du Prince d'Arménie
s'apprête à en infliger la honte au Ministère prussien tout entier,
en cas que cette satisfaction éclatante n'ait pas lieu. L'impunité
de cet individu serait l'aveu qu'on l'a choisi pour complice, que
le Ministère de votre pays choisisse entre cette confession tacite
et la juste réparation qu'on lui demande...

Quant'à Nous, nous n'hésitons pas à Vous prévenir que tant
qu'on n'aura pas fait droit à cette réclamation et que Vous n'au-
rez pas fait rétracter dans tous les Journaux de Berlin, subventionnés par le pouvoir et patronnés par la police, toutes les
odieuses calomnies qu'on y a publiés par le passé, Nous vous
poursuivrons sans relâche de nos plus énergiques instances.

Maintenant reste à savoir, M. le Ministre, puisque le Gouvernement prussien n'a pas voulu prendre la responsabilité de cette
arrestation illégale, s'il veut faire restituer au Prince tous Ses pa-

piers, Son argent et Ses effets de valeur que le dit individu Stieber a confisqué par un prétendu ordre de la légation Russe à Berlin !

Nous vous prions de faire la réponse de notre protestation à Monseigneur l'Archevêque de Sirace, représentant spirituel de la Nation Arménienne près le Saint-Siège.

(*Signé*) † Paul Archevêque d'Alznie.

Fait au Palais épiscopal le 4 Decembre 1857.

Pour copie conforme

Constantinopole, 14 mars 1858.   (*Signé*) Prince Petrosbey.

Copie.

VIOLATION DU DROIT DES GENS.

RÉFUTATION ADRESSÉE À LA PRUSSE PAR LES GRANDS D'ARNÉNIE CONTRE L'ARRESTATION ILLÉGALE DU PRINCE LÉON D'ARMÉNIE, À BERLIN.

Il nous est impossible de garder le silence sous l'impression douloureuse que nous venons de ressentir en lisant le libelle publié, il y a peu de temps, par les journaux de Berlin, subventionnés par le pouvoir et patronnés par la police, contre le Prince Léon d'Arménie, libelle rempli de calomnies et d'injures, chacun d'eux invente sa fable et la répand.

Or, comme d'autres journaux du continent, induits en erreur, ont transcrit ces outrageants mensonges dans leurs colonnes, en notre qualité des Grands d'Arménie, nous croyons de notre devoir d'élever la voix pour réfuter avec force ces odieuses insinuations en démontrant que les insultes prodiguées par ces gens là semblent militer contre eux.

Mais cette violation du Droit des gens n'était permise que par la loi du plus fort.... Pour le moment, nous nous bornerons à adresser quelques questions au Gouvernement Prussien, laissant au public le soin d'en apprécier la portée, non sur les mensonges et sur les impostures de Stieber, le fameux agent du sieur Hinckeldey; mais sur les documents suivants : Quel crime avait donc commis le Prince Léon pour qu'on osât attenter à sa liberté ?

Coupable, il eût fallu le faire juger par les tribunaux, comment d'ailleurs ne l'avoir pas fait arrêter, alors qu'il se trouvait placé sous la Sauvegarde de la Russie !

Cependant toutes les autres fois qu'il s'est rendu à Berlin, personne ne s'est préocupé de ses allées et venues.

Tout homme d'honneur repousse toute espèce de contact avec les mouchards... ce scandale, né d'une intrigue, ne peut aboutir qu'à une vengeance politique, voila pourquoi l'on attendait le moment que l'affaire fût soumise au tribunal pour venir là en pleine audience constater, pièces en main, et le rang et le droit dû au Prince du sang; c'est là le champ du droit, c'est là que les haines politiques s'éteignent et que sont déçus les excès du pouvoir; c'est là où il est du devoir de tout homme de coeur d'arracher le masque à ces intrigants, ennemis politiques du Prince, qui ont soudoyé l'agent Stieber.

Le triomphe du Prince eût été complet et la Police de Berlin se serait trouvée flétrie par l'opinion publique; elle profiterait de cette leçon et s'abstiendrait surtout de ces manières sauvages d'arrêter et de jeter tout le monde en prison, ce qu'elle n'a déjà que trop souvent exercé.

Ces pièces justificatives et officielles existent; les agents de M. Manteuffel pourront les parcourir, quand bon leur semblera.

Le Prince Léon d'Arménie est né à Etschmiadzin en 1821 (au moment du pélérinage de ses parents à ce Saint-Lieu), il fut baptisé par Ephrem I. Katholikos de tous les Arméniens.

Il est descendant direct de Léon VI. Roi d'Arménie, sa mère est une Princesse Géorgienne, issue de George, dernier roi de Géorgie, fils de Héraclius le Grand.

Il devint orphelin de bonne heure; il perdit sa mère, la Princesse Hélène, à l'âge de cinq ans et son père en 1828.

Il eut alors pour tuteurs, ad hoc, les Princes de Van et d'Ezenka, amis dévoués de son père.

Le Katholikos Ephrem désigna le feu révérend Thomas, évêque de Daik pour son gouverneur.

Son père avait des préjugés contre les colléges publics, il voulait l'éducation domestique; telle était sa manière de voir, telle fut surtout sa dernière volonté.

Fidèles à la mémoire impérissable de leur auguste Maître, ces deux princes firent choix de précepteurs pour l'instruire, et rien ne fut épargné dans les frais de son éducation, ce qui était facile puisque ses parents lui avaient laissé une fortune considérable, plusieurs millions.

La vie publique du Prince Léon ne commence qu'en 1839. Il n'avait que 18 ans, quand il prit avec énergie la défense de Nérsès V, le suprême Patriarche actuel, alors Archevêque de Tiflis, banni par feu l'Empereur Nicolas.

Depuis cette époque le Prince acquit en Arménie une grande popularité, popularité qui s'accrut considérablement en 1846.

Il exerce une telle influence sur l'esprit de ses compatriotes arméniens et géorgiens que vouloir le toucher, c'est vouloir toucher à l'arche Sainte...

Et depuis cette arrestation illégale à Berlin, il a conquis la sympathie de toute la population d'Asie! C'est donc avec raison que Machiavel a dit: « Malheur à celui dont le coup, mal combiné, se retourne contre lui-même, il perd sa réputation d'habileté et grandit son ennemi. » Nous blâmons le gouvernement Prussien d'avoir attenté ainsi injustement à la liberté d'un Prince de la Maison ci-devant régnante d'Arménie et nous protestons comme contraire à toutes les règles du *droit international*, comme une atteinte à la dignité et à l'indépendance de sa royale personne en nous basant sur le principe d'éternelle justice qui ordonne de ne pas faire à autrui ce qu'on ne voudrait pas qu'on nous fît. Notre protestation, juste et légale, trouvera de l'écho dans l'univers entier, car une telle barbarie n'est pas de ce siècle.

Après une telle conduite la Prusse oserait-elle élever de nouveau la voix pour se proclamer un pays civilisé? Chose étrange! après une détention de *cent* jours, les fonctionnaires prussiens voulaient faire croire que le Prince Léon n'avait pas été emprisonné.

Que penser également du Gouvernement Prussien et de ses Ministres qui n'ont jamais voulu assumer la responsabilité de cette arrestation illégale et qui se sont concertés pour la rejeter sur le sieur Hinkeldey Président de la Police et lequel est mort: d'une mort tragique! que dire à cela? si non qu'il n'est pas généreux de frapper sur un cadavre.... Mais quel était le motif réel de cet emprisonnement qu'on a cherché à déguiser sous une couleur d'imposture? C'est ici que nous nous faisons un devoir de montrer au public, par cet exemple, ce que peuvent des hommes assez courageux pour calomnier et arrêter un illustre proscrit.

Voici les détails de cette injuste arrestation:

La légation russe à Berlin apprit que le Prince avait eu une entrevue avec Lord Bloomfield, Ambassadeur d'Angleterre, à son arrivée dans cette ville, (c'était pendant le siége de Kars en Arménie turque) on fut alors très irrité contre le Prince; la maîtresse du logis fut corrompue et trois lettres à l'adresse du Prince furent décachetées par cette femme sans pudeur: C'est ainsi que l'on apprit qu'il devait quitter Berlin le 25 octobre 1855. Or, le 22 du même mois, la police prussienne s'était vendue aux ennemis politiques du Prince, dont la liberté fut injustement violée.

On l'a tenu en ôtage jusqu'à ce que Kars soit tombé entre les mains des russes; telle fut la conduite de la Prusse.

Nous ne comprenons pas trop que cette entrevue avec le Ministre Anglais soit un délit.... en Prusse.

Dans tout autre pays civilisé, cette femme Mehlmann aurait été poursuivie, selon la rigueur des lois, mais attendu qu'elle se trouve être parente de l'imposteur Stieber, agent du sieur Hinkeldey, digne modèle de Judas Iscariote, elle a pu jouir impunément de sa trahison et de son délit.

La devise du roi prussien est: *Suum cuique*, pourtant on n'a pas permis au Prince de citer devant le tribunal ladite femme et tout cela dans la crainte que certains mystères ne pussent être révélés.

Lorsque nous avons à défendre le Prince d'Arménie contre un mouchard prussien, on devine si les récriminations nous seraient faciles et cependant nous négligerons cette resource.

Si nous élevions la voix et que nous ne nous contentassions pas de cette excuse prussienne: *errare humanum est.* — C'est que M. de Manteuffel, ministre des affaires Etrangères à Berlin, devrait se rappeler que deux jours après l'arrestation illégale du Prince, le D^r. Petermann, professeur de langue Orientale à l'Université de Berlin, vint le trouver pour protester contre cette violation du droit international.

M. de Manteuffel lui-même a dit alors à cet illustre savant que le Prince lui avait écrit une lettre à son arrivée à Berlin ainsiqu'à S. M. le Roi de Prusse et qu'il ne comprenait pas trop la nature de cette arrestation! Il finit par promettre au professeur de faire mettre immédiatement le Prince en liberté.

M. Le Ministre-Président a-t-il tenu sa promesse? Non. Le Prince ne dut sa sortie de prison qu'à l'intervention de S. A. R. Le Prince Héréditaire de Prusse qui mit fin à cette intrigue.

Le Prince de Prusse qui connait le Prince d'Arménie aurait fait un acte plus généreux s'il se fût empressé de prévenir cette indignité.

Le Professeur Petermann qui a connu depuis des années le Prince d'Arménie chez S. E. Chefket-Bey, l'ancien ambassadeur de Turquie à Berlin, avait tout naturellement élevé la voix contre cet acte arbitraire, mais la Police l'obligea à se taire, en le menaçant lui-même. Toutefois, nous remercions le professeur de son humanité.

Les journaux de Berlin, subventionnés par le pouvoir et patronnés par la police, n'ont épargné ni la nationalité ni la religion arménienne, ils ont calomnié l'une et l'autre. N'ont-ils pas osé critiquer jusqu'au timbre rouge du Patriarche d'Etschmiadzin lequel est apposé sur l'extrait de l'acte de baptême du Prince? Pour se permettre des attaques aussi puériles et aussi inconvenantes contre la foi d'une Nation Chrétienne, il faut, en vérité, avoir perdu jusqu'au sentiment de la plus simple pudeur.

Il convient de rappeler à de pareilles gens ce que Notre Seigneur Jésus-Christ a dit: « Si quelqu'un scandalise un de ces petits qui croient en moi, il vaudrait mieux pour lui qu'on lui mît une meule au cou et qu'on le précipitât dans la mer. »

Maintenant reste à savoir, puisque le gouvernement Prussien n'a pas voulu prendre la responsabilité de cette arrestation, s'il veut faire restituer au Prince d'Arménie ses papiers, son argent et ses effets de valeur que ledit lâche Stieber agent de Hinkeldey a confisqué par un prétendu ordre de la légation russe à Berlin.

Après avoir dépouillé le Prince de tous ses biens, on a cru devoir s'en prendre à ce qu'il y a de plus sacré, *à son honneur*... Mais l'Evangile dit. « Malheur au monde à cause des scandales: il est nécessaire qu'il arrive des scandales; mais malheur à l'homme par qui le scandale arrive. »

Si chaque gouvernement se met à dépouiller ainsi le Prince d'Arménie jusqu'à sa chemise! il ne tardera pas à se trouver réduit à l'état de profonde nudité... heureusement sa peau lui tient au corps sans cela l'homme du Roi la lui prendrait aussi!...

Mais, il n'est pas de Souverain qui ne réponde de ses actes, devant le tribunal de l'opinion publique; ainsi, nous protestons au nom de la Nation Arménienne contre les actes odieux et arbitraires du gouvernement prussien à l'égard du Prince Léon d'Arménie.

Quelque faible que soit notre voix, celle du public fait autorité.

En foi de quoi, nous l'avons signé et y avons apposé le cachet de nos armes.

Fait le dixième jour du mois d'août de l'an de grâce mil huit cent cinquante six.

(Signés).

Prince Petros-Bey, Prince de Tell-Bascher, Prince Nouschirvan, Prince de Van II, Prince de Syne, Prince Ardzrouni-Méroujan, Prince Manavazean, Prince Borhosch, Prince Varazkhourtag, Prince Kenounian, Prince Katischoï, Prince Ortounian, Prince Khorkhorhounian, Prince Tchoubin, Prince d'Ezenka II, Prince Siounian-Haigazni, Prince Mamigonean, Prince Magisdros-Arsacide, Melikh Mirza-Khan, Melikh Hegoz, Melikh Naribeg, Emin-Khan, Amir-Khan, Eldin-Nadir-Khan, Daniel-Bey, Aga-Bey, Tomas-Bey, Paul Rustounian, Colonel Vartanoff.

COPIE DE LA LETTRE ÉCRITE PAR LA PRINCE D'ARMÉNIE
AUX GRANDS D'ARMÉNIE.

Messieurs Mes Cousins,

Nous renvoyons toute cette affaire á vos Seigneuries afin qu'ils fassent un jugement proportionné á toutes les insultes commises par la Prusse contre la Nation Arménienne ainsique contre la religion de Nos ancêtres.

Quant aux offenses commises contre Notre auguste personne, Nous les regardons avec mépris, et Nous les ensevelissons dans un éternel oubli, vu que ce délit est le seul, á l'égard du quel Notre humanité peut avoir lieu en cette occasion.

(Signé) LÉON.

Francfort, le 4 Février 1856.

NB. Puisqu'on a répandu que le Prince Léon aurait excité la Nation Arménienne à se venger de la Prusse pour l'insulte faite à son auguste personne.

Sans dire davantage, nous mettons cette lettre aux yeux du public.

Le passage suivant est extrait d'une correspondance adressée de Berlin le 24 novembre 1860, au Journal de l'independance Belge, et nous l'avons rapporté textuellement, tel qu'il est.

N. 551.   **L'INDÉPENDANCE BELGE**   Lunedi 26 novembre 1860.

NOUVELLES D'ALLEMAGNE.

(Correspondance particulière de l'Indépendance Belge.)

Berlin, 24 novembre.

Il n'est question que des révélations que le procureur du Roi Supérieur M. Schwarck faites à l'audience de la Cour d'appel de Berlin (Kammergericht) du 20, dans le procès intenté au directeur de la police Stieber, mis en disponibilité.

M. Schwarck a déclaré qu'à son entrée en fonctions, en 1853, la loi du 12 février 1850 sur la liberté individuelle était une lettre morte. Il s'efforça d'en obtenir l'application en demandant que, lorsque la police devait opérer une arrestation, l'affaire fût examinée dans le délai légal, non-seulement par le juge d'instruction, mais par le ministère public, et que les autres prescriptions de la loi fussent observées.

Des conférences eurent lieu à cet effet entre la police, le tribunal de Berlin et le parquet, elles n'aboutirent à rien de sérieux. Dans le cours des discussions, Stieber dit que la loi du février 1850 (l'habeas corpus prussien) était une loi fort bête, qu'elle ne saurait être observée, que le délai de vingt-quatre heures fixé pour la comparution du prévenu devant le juge était beaucoup trop restreint et qu'il fallait, pour ce motif, mettre de côté toute la loi. C'est ce que l'on fit à peu près toujours!

La loi portant que l'arrestation préventive, par la police, ne devait avoir lieu, sauf le cas de flagrant délit, que si des soupçons graves désignaient comme coupable une personne déterminée, ou bien si le prévenu était fortement soupçonné de vouloir prendre la fuite, voici le moyen ingénieux employé par la police pour éluder la loi:

La police, dans son rapport, ajoutait ces mots: Un tel.... doit être expulsé. Dès lors on prétendait que le prévenu, pour se dérober aux poursuites de la police et à l'ordre d'expulsion imaginé ad hoc, allait sans doute se sauver, et l'on maintenait l'arrestation malgré la loi!!

Un grand nombre de personnes furent arrêtées, tenues en prison pendant des semaines et des mois entiers, puis relâchées sans avoir été entendues par les juges compétents.

La Cour d'appel a fait constater que depuis juillet 1855 jusqu'en février 1856, par conséquent pendant huit mois, il y eut 587 infractions à la loi sur la liberté individuelle.

L'ancien président de la police M. de Hinckeldey étant mort (il fût tué en duel le 10 mars 1856), son successeur, le préfet de police actuel, M. de Zedlitz promit de porter remède à cet état de choses.

Le procureur du roi a cité de nombreux faits pour prouver que la loi a été néanmoins violée au su et avec le consentement de M. de Zedlitz, « on vit bientôt qu'il y avait eu un changement de personnes et non de Système. »

Voici un exemple entre beaucoup d'autres de la manière dont la loi était observé à Berlin.

Le prince Léon d'Arménie, qui, par son titre un peu aventureux (a), avait attiré l'attention de la police, fut un beau jour arrêté et enfermé dans une maison pénitentiaire. On lui coupa les cheveux et la barbe. Il fut forcé, sur un ordre signé du di-

---

(a) Ce n'est point de titre qui rend hardi, courageux à un homme, mais son naturel. Et le Prince n'est pas homme de se laisser marcher sur les pieds.

recteur de police, Stieber, de faire le plus dur travail (a) des condamnés.

Les journaux publièrent une réclame sur l'abileté de l'arrestation operée par la police d'un escroc de la pire espèce, réclame qui n'était qu'un tissu d' inventions.

Il s'agit de découvrir après coup l'escroquerie. A cet effet, on mit tout en œuvre, on envoya des agents, soldés sur les fonds secrets, à Londres, à Bruxelles et à Paris, où la personne arrêtée avait précédemment séjourné, mais on ne découvrit rien. On s'avisa ensuite de faire poursuivre le prince Léon pour s'être donné un faux nom et de faux titres.

Le Ministère public s'y refusa. Enfin il fallut se resigner. Après cent jours d'emprisonnement et de mauvais traitements, le malheureux fut transporté pendant la nuit à la frontière et chassé du territoire prussien.

Les journaux qui avaient publié des récits pompeux sur l'habileté de la police jugèrent prudent de garder le silence. Le procureur du roi Noerner (mis en disponibilité il y a quelque temps) loin de s'opposer à un excès commis par le directeur de la police Stieber, y aida, au contraire, de son mieux.

Il saisit à la poste la correspondance du prévenu et la livra à la police.

M. le procureur du roi supérieur Schwarck, après avoir raconté ces faits et d'autres d'une nature également exorbitante, dans un langage concis et énergique, a rappelé les efforts que lui, le procureur général, avait faits pour combattre ce système de police arbitraire et illégal, les démarches qu'il avait tentées en vain auprès des différentes autorités.

M. Schwarck a abordé ensuite le principal chef d'accusation du procès pendant, c'est-à-dire l'usage de la police de Berlin de s'entremettre dans des affaires civiles litigieuses entre les parties pour les obliger, soit de satisfaire le créancier, soit de renoncer à la créance, en employant à cet effet des menaces, des arrestations préventives et d'autres moyens illicites. La police, par un abus de pouvoir inouï dans des pays de légalité, se substituait fréquemment ainsi à l'autorité judiciaire! L'espace me manque pour résumer même une partie de ces faits. Ils seraient réputés incroyables à l'étranger, surtout en Belgique, et c'est pourtant un officier public d'un rang élevé qui, pièces en main, vient de les révéler devant la Cour d'appel de Berlin.

(a) C'est notre devoir de faire justice au caractère de M. Lehmann, Inspecteur de cette maison pénitentiaire, et de dire qu'il ne s'est jamais permis de manquer au Prince, moins encore de le forcer au dur travail. Car M. Lehmann avait toujours regardé de mauvais œil cet ordre seigné par Stieber.

M. Schwarck a dit, en terminant, que les auteurs de ces excès et de ces abus de pouvoir savaient parfaitement qu'ils violaient la loi, mais ils croyaient pouvoir le faire impunément.

« Le règne de la police était, à cette époque, dit M. Schwarck, dans toute sa force.

Le gouvernement n'eût osé permettre aucune poursuite judiciaire contre un employé de la police, car il aurait ébranlé ainsi la foi dans l'infaillibilité et l'omnipotence de la police qui était la base de son système. Le ministère public n'était pas une autorité judiciaire indépendante, mais l'organe du gouvernement.

Mais s'ils ont compté qui en serait toujours ainsi, ils se sont trompés, et ils doivent supporter les conséquences de leur erreur. En l'année 1858 (avénement de la régence) *le règne de la police* fut abandonné, le nouveau gouvernement inscrivit dans son programme *le règne de la légalité,* et depuis lors l'impunité, qui avait été accordée de fait aux employés de la police, a cessé d'exister. »

Le discours du procureur général, M. Schwarck, a produit sur l'auditoire, une sensation immense. Lorsqu'il a rappelé les arrestations préventives illégales pour des motifs politiques, qui avaient fait tenir en prison les prévenus pendant des semaines entières, sans qu'ils fussent traduits devant le juge compétent, *un Vieillard,* placé dans l'auditoire, s'écria: « Moi, Herr Stieber, vous m'avez retenu pendant deux mois!... »

Il y eut d'autres incidents dramatiques et que le défaut d'espace me force de passer sous silence. M. le procureur général Schwarck, en son nom et au nom du ministère de la justice, a infligé un démenti énergique à l'assertion de Stieber, que les arrestations arbitraires de la police, pendant les années précédentes, avaient eu lieu avec le consentement du procureur général et du ministre de la justice.

L'effet du discours de M. le procureur général Schwarck, dans la ville de Berlin et dans le pays, a été considérable, et le souvenir ne s'en effacera pas de sitôt.

———

Mg.^r l'Archevêque de Sirace, représentant spirituel de la Nation Arménienne près le Saint-Siège, qui, étant en congé, se trouvait à Constantinople, avait envoyé ce journal à Mg.^r l'Archevêque de Synie, abbé-général du couvent arménien de S. Lazare à Venise, pour être conservé dans les archives de ce couvent, et Sa Grandeur Mg.^r l'Archevêque de Synie a eu la bonté de nous l'envoyer, à condition *sine qua non* de le lui restituer après lecture, vu qu'il appartient aux archives de son couvent.

Après avoir pris ad notandum les récits du procès ci-dessus rappelé, nous lui avons, conformément à sa demande, rendu ledit journal.

L'Indépendance Belge est donc le premier journal européen qui vient d'être naturalisé arménien, qui est, pour ainsi dire, devenu l'ami des arméniens, aussi voit-on qu'il est constamment entre les mains des arméniens à Constantinople.

DEFENSE

DE

PRINCE D'ARMÉNIE,
CONTRE LES IMPOSTEURS ALLEMANDS

Je n'ai encore tracé, dit Ovide, qu'une partie de mon travail, il m'en reste une autre à tracer; l'ancre doit retenir encore mon navire enchaîné.

> Icci, beatis nunc Arabum invides
> Gazis, et acrem militiam paras
> Non ante devectis Sabaeae
> Regibus : horribilique Medo.
>
> HORATIUS.

Aussi croyon-nous devoir appeler l'attention du public que le Prince Léon d'Arménie fut illégalement arrêté en 1855, à Berlin. Les journaux prussien patronnés par la police et subventionnés par le pouvoir, qui vivaient de ce qu'on appelle le *Chantage* et dont les rédacteurs n'étaient que des flibustiers littéraires exploitant les honnêtes gens, attaquèrent le Prince Léon. Chacun d'eux inventa, à qui mieux mieux, sa fable et la promena.

Ces journalistes à l'affût, qu'on ne sait où trouver, qui se cachent pour égratigner ou pour mordre, ont commis la plus lâche de toutes les diffamations!

Mais, « La fausseté » comme dit le proverbe des anciens, « la fausseté ne se soutient pas toujours; elle ne trompe qu'un instant. »

Et Ciceron: « Quoique les factions et la calomnie puissent triompher quelque temps dans les assemblées publiques, pourtant leur influence est nulle dans le temple de la justice, où la vérité l'emporte sur toutes les considérations. »

Le procès intenté contre Stieber, le fameux agent du président de la police Hinckeldey, a révélé toute *intrigue odieuse* qu'avait exercé cet individu pendant le règne de la police à Berlin.

« Un grand nombre de personnes, dit M. le Procureur Général, furent arrêtées, tenues en prison pendant des semaines et des mois entiers, puis relâchés sans avoir été entendues par les juges compétents. »

Qu'elle vile tyrannie, et cela dans un pays qui prétend être celui de la nation civilisée! Les lois les plus saintes y sont violées. L'avortement s'opère sur une si grande échelle, que la justice impuissante est réduite à fermer les yeux sur ces attentats.

Ces révélations ont été faites avec beaucoup d'habilité par M. le Procureur général Schwarck à l'audience de la cour d'appel de Berlin du 20 novembre 1860. On ne se peut refuser de donner des louanges au zèle de ce Magistrat qui a rendu un si grand service à ses concitoyens, comme homme, il a rendu service à la humanité, comme premier magistrat, il a fait son devoir d'avoir hautement protesté contre la police pour la violation de la Loi civile et du Droit des Gens. Cet acte si généreux et si noble de sa part lui a attiré les applaudissement de l'Europe entière.

Et le Roi Guillaume a, de son côté, rendu un grand service à son pays d'avoir aboli en 1858, cet abominable règne de la police en Prusse; comme l'a observé M. le Procureur général à la dite audience que « le nouveau gouvernement a inscrit dans son programme le règne de la légalité, et depuis lors l'impunité, qui avait été accordée de fait aux employés de la police, a cessé d'exister. »

Toute impunité qui avait été accordée de fait aux employés de la police, a cessé d'exister.

D'après ce programme, ces messieurs de la police prussienne ne sauraient dorénavant faire la charge sur les honnêtes gens pour les dépouiller de leurs espèces et de leurs effets de valeur. Mais comment le fameux Stieber existerait-il sans ce trafic?

Cet homme, qui avait fait arrêter depuis Juillet 1855 jusqu'en frévrier 1856, c'est-à-dire dans l'espace de huite mois plus de 387 personnes inoffensive, fut lui-même un beau jour arrêté et écroué dans la prison, l'année dernière. *Qui sibi malum peperit, ipse défleat.*

Ce Jackal, Stieber, sorti de la lie du peuple oubliant, qu'il est le fils de son père, c'est-à-dire d'un misérable Charpentier de Berlin, se faisait appeler: *Seine excellenz herr director von Stieber ! ! !*

Cette pompeuse et sonore qualification de son titre d'emprunt est comme une espèce de peau de lion que Stieber endosse dans les grands jours de bataille pour intimider ses adversaires. Mais hélas! « The ass in the lion's skin. » dit un vieux proverbe anglais.

Et Hinckeldey, cet arlequin prussien ne comprend pas ce qu'il y a de sacré dans la liberté de l'individu et ce qu'il y a de barbare et d'iniquité dans le mandat d'arrêt, qui sans preuve ni présomption de délit arrache l'homme à ses occupations, à sa famille, à ses amis, et l'enferme à la merci d'un autre homme. Quelle atrocité! Cet homme, qui par son système brutal et barbare, a conduit la Prusse sur les bords de l'abime, est mort, grâce au ciel! d'une mort tragique....

A ce nom de, Hinckeldey, toute une infamie passée s'éveille; aussi, mille malédictions à sa mémoire, voit-on murmurer sur les lèvres de tous les honnêtes gens!

Le dessein de Stieber était plus hardi, il a voulu se glorifier et se grandir. Il a fait un poème dont il est le héros.

Il a cru que sa gloire ne serait complète que si elle était unique et repandue; il faisait publier dans les journaux de Berlin une réclame sur l'habilité de l'arrestation operée par lui-même d'un homme de la pire espèce: « personne n'a, fit-il trompeter par ces journaux, su mieux que Stieber seul le découvrir. » (?) Mais M. le Procureur général Schwark connaissait mieux *son homme,* voila pourquoi il s'écriait à l'audience de la cour d'appel de Berlin du 20 novembre: *réclame qui n'était qu'un tissu d'invention.* »

Stieber avait un principe dont il ne se départait pas: l'audace! foncer sur l'ennemi comme on dit en escrime, l'étourdir, le calomnier, l'abimer d'un coup, c'était sa tactique.

Sa plume agressive et irritée s'est acharnée contre le Prince Léon, il n'a rien épargné pour faire descendre le Prince du rang où l'opinion publique l'avait placé.

Il fabriqua de conte de peau d'âne et de conte gras aux dépens du Prince et les fit répandre par les journalistes à l'affûte de Berlin; comme l'a observé M. le Procureur général, du haut de la tribune ministerielle, à l'audience de la cour d'appel de Berlin du 20 novembre que « Les journaux qui avaient publié des « récits pompeux sur l'habilité de Stieber jugèrent prudents de « garder le silence. »

La conduite de ce misérable Stieber était un chef-d'œuvre d'imposture! en voici un exemple entre beaucoup d'autres.

Le Prince Léon, comme l'on sait, bien versé dans la philosophie et nommément dans le Droit de la Nature et des Gens, fut reçu associé à la Société Savante de Lydda (ville de Palestine) en 1839. C'est tout naturel que le diplôme de cette Société est écrit en Latin ainsique le nom de cette ville.

Mais Stieber soit par ignorance, soit par malice, voulait que *Lydda* fût *Leyde.* Quoique plussieurs savants de Berlin lui aient fait observer que *Leyde* se dit en Latin Lug-dunum-Batavorum.

Pourtant cet âne prussien soutint fort et ferme dans son entêtement ; aussi fit-il déclamer par l'organe des journaux de Berlin que le Prince avait fait ses études à Leyde.

Stieber n'en demeura pas là, il fit donner au Prince une nouvelle Patrie, pour pays natal, et un autre nom, en un mot, l'agent de Hinckeldey se fit même Moïse et en même temps saint Jean-Baptiste, il avait conduit le Prince dans un desert que le Prince ne le connaît pas et il avait inventé des parents, un nom pour le Prince qui n'a été point connu de nous.

Stieber après avoir, tour à tour, joué le rôle de Moïse et de Saint Jean-Baptiste, s'était fait enfin enrôler sous la bannière de Robert Macaire ! il cassait la cassette du Prince, et y avait soustrait une bague en brillant, une bague en rubis, deux paires de boutons en diamant, des décorations, une paire d'éperons d'or et 125 thalers de Prusse ou *plus minus* 500 francs qu'un (*) banquier à Berlin avait payé au Prince quelque jours avant cette arrestation arbitraire. Outre cela 40 thalers de Prusse ou 160 francs il fit enlever de la poche du Prince le jour de l'arrestation, ou *plutôt le jour du pillage!*

Et tous ces objets n'ont pas été réstitués au Prince jusqu'aujourd'hui.

On sait que les siècles fourmillent en scènes les plus tragiques et les plus sanglantes. Mais vit-on jamais un pillage aussi lâche qu'infame comme celui qu' avait été commis par Stieber à Berlin !

Le Prince d'Arménie fut, sans rime ni raison, arrêté, et ce sbire prussien fit main basse sur son argent.

Le fameux ex-directeur de la police de Berlin, Stieber, lui ayant lu le mandat d'arrêt, le Prince lui cracha au visage en lui demandant « qui le rendait si audacieux et si téméraire d'oser prononcer un mandat d'arrête contre un Sang-Royal. »

Toutes les observations ne servirent à rien. On le fouilla d'abord partout.

On ne laissa pas seulement une obole au Prince. Ce qui nous prouva que les gens de la police de Berlin savaient aussi bien faire leur charge que ceux de Saint-Petersbourg, et que tous ces messieurs avaient des manières uniformes.

Ils vidèrent tout doucement les poches du Prince et lui prirent ce que les Russes même avaient respecté, nous voulons dire la petite croix d'or bénite par Grégoire XVI., que porta le Prince et son argent de bouche...

(*) Le Prince Léon nous remit cet argent pour M. Ivan Golovine, mais comme Golovine ne se trouvait pas à Londres, de même nous croions de notre devoir de renvoyer au Prince cet argent par médium d'un banquier, et le misérable Stieber se l'était approprié. (?)

Stieber et son compagnon Picke, un autre scélérat, de même espèce, tel maître, tel valet, dit le proverbe, n'en demeurèrent pas là, leurs mains avides et infatigables le parcoururent depuis la tête jusqu'aux pieds.

Ils le tournèrent de tous côtés, et le dépouillèrent pour voir si le Prince n'avait point d'argent entre la peau et la chemise. Nous croions qu'ils lui auraient volontiers ouvert le ventre pour voir s'il n'y en avait point dedans. Après qu'ils eurent si bien fait leur charge, le fameux Stieber voulait l'interroger, mais le Prince lui avait coupé la parole en lui disant : *allez misérable bandit, tu n'es point mon juge. Geh Zu dem Teufel, Spitzbube du bist nicht mein Richter.*

M. von Vincke préférait de faire la charge sur les Ministres Anglais, au lieu que d'élever la voix pour blâmer l'infame conduite de Stieber, qui, au vu et au su de tout le monde, commettait d'atrocités inouies, à Berlin.

Le fameux député prussien a commencé son discours à la chambre des députés comme cet écrivain Cyclique dont Horace nous parle : *Je chanterai la fortune de Priam et sa guerre célèbre.* Après ces promesses, que produira-t-il qui soit digne d'une si pompeuse annonce? *Les montagnes sont en travail, et il en naîtra un rat ridicule...*

On lit dans la Nouvelle Gazette de Prusse du 6 mai l'article suivant : « Dans la séance de la chambre des députés M. von « Vincke a motivé son interpellation sur l'affaire Macdonald.

« Il exprime son regret que le gouvernement Anglais n'ait « pas trouvé un mot de blâme pour un officier qui avait insulté un Dame, en Allemagne, un acte pareil eût été incompatible avec l'idée d'un homme bien élevé. »

Maintenant, à notre tour, nous exprimons notre grand étonnement que M. von Vincke lui-même n'ait point trouvé un mot de blâme pour l'agent de la police Stieber qui, sans rime ni raison, avait arrêté et jeté en prison un Prince du Sang d'Arménie, en Allemagne, à Berlin!

Cet acte est-il compatible avec l'idée d'un homme bien élevé en Prusse?

Cependant Puffendorf a dit que « Premier Devoir absolu, ou de chacun envers tout autre, c'est qu'il ne faut faire du mal à personne. » Loi Naturelle, liv. I, Chap. 6, et Droit de la Nat. et des Gens, liv. III, Chap. I.

Et Claprothe, « La même loi qui nous défend de nuire aux autres hommes, nous défend aussi de les tromper. » Principes du Droit Naturel, Chap. IX.

Un fonctionnaire publique qui a trompé le public par des Contes mensongers, pour dépouiller un homme de son argent, un agent d'autorité qui a foulé aux pieds et la Loi Naturelle et le Droit des Gens, enfin, un homme de la police qui a commis un forfait si audacieux que les moeurs de tous les pays civilisés reprouvent et que les lois condamnent, un pareil rebelle mériterait sans doute qu'on accusât ses moeurs, et pourtant M. von Vincke jugea à propos de garder le silence; il aima mieux faire le sieste à la chambre des députés. Telle était la conduite de ce fameux député prussien.

Mais la Nation Arménienne n'était point de cet avis là, elle avait pris pour devise qu'il fallait rendre l'insulte pour l'insulte; comme l'avait fort bien dit Puffendorf: « La défense de l'honneur autorise aussi à en venir aux dernières extrémités, tout de même que si l'on était attaqué dans sa propre vie. »

Cette Nation a, il y a quelque année, prouvé en plein mer ce qu'elle en pouvait; le Prince Prussien, Adelbert, pourrait l'affirmer.

Si ce Prince eût été tombé entre les mains de ces braves guerriers, les Journaux prussiens eussent su à quoi s'en tenir. Ils ne se seraient pas exposé à des moqueries de l'univers entier de prendre les Arméniens-légitimistes pour des pirates ! Les vrais pirates se trouvaient à Berlin, c'étaient les agents de la police eux-mêmes.

Que M. von Vincke ne vienne plus nous chanter, la civilisation Prussienne! on lui répondra comme le fameux Apelle fit en pareil cas à Mégabyze: « Taisez-vous Je vous prie, autrement ces garçons qui broient des couleurs, se moqueront de vous. »

La même Gazette raconte que l'orateur (M. von Vincke) donne lecture ensuite du discours prononcé par Lord Palmerston dans la dernière séance de la Chambre des Communes, où il a été question de cette affaire.

« La lecture de ce discours, dit cette Gazette, est interrompue fréquemment par les acclamations et les rires ironiques de la Chambre. »

« Un discours sensé, a dit Roubaud, ce sera très-souvent celui que les sots trouveront fort risible. » Et Hobbes, dans son Discours sur la Nature Humaine, qui est, si nous ne nous trompons, le meilleur de tous ses ouvrages, après avoir fait quelques observations fort curieuses à l'égard de *rire*, le décrit en ces termes : « La passion, dit-il, qui excite à rire, n'est autre chose qu'une vaine gloire, fondée sur la conception subite de quelque excellence qui se trouve en nous, par opposition à l'infirmité des autres, ou à celle que nous avons eue autrefois. *Car on rit de ses folies passées*, lorsqu'elles viennent tout d'un coup dans l'esprit. » La remarque de Hobbes nous donne la raison pourquoi les fous, dont nous venons de parler, exciter à rire les personnes de mauvais goût.

Selon Catulle: « Il n'y a rien de plus sot que de rire mal-à-propos. »

Ainsi nous retrouvons M. Vincke métamorphoser en bouffon à la chambre des députés. Il ressemble à un tigre, qui, à l'ouïe du bruit que font les chasseurs, frémit de rage, et dont la peau se couvre de nouvelles taches. Il s'abandonne à toute la fureur de son penchant, comme la brute pour attaquer Lord-Palmerston, l'homme le plus populaire d'Angleterre! En vérité, nous aurions été moins affligés de vous avoir perdu, M. von Vincke, que de vous retrouver dans l'état où vous êtes. Car la Bruyère dit: « L'homme ridicule est celui qui, tant qu'il demeure tel, a les apparences d'un sot. »

Quant au Ministre von Schleinitz, le fameux déclamateur de la liberté prussienne! nous n'avons que deux mots à lui dire: quelque chose qu'il fasse, de quelque côté qu'il se tourne, la Risée le suit partout. Car le mot de la *Liberté,* dans la bouche du Ministre Prussien, semble un si ridicule anachronisme, qu'on a l'air quand on la dénonce, d'un vissionnaire. Donc tout ce que vous voudrez M. Schlenitz, pourvu que vous ne nous parlerez plus de la *Liberté,* grand Dieu! la liberté.... en Prusse.

Nous venons d'en faire une trop funeste expérience.

Dans son fameux discours à la Chambre des députés M. Schleinitz a consacré aux Ministres Anglais trois heures de balivernes qui ne brillaient, ni par le bon goût ni par la politesse.

Ces paroles lancées sur les Ministres anglais comme un tonnerre par M. Schleinitz n'ont point atteint le but qu'il se proposait. On dirait vraiment que cet homme repassait son esprit d'une vaine chimère.

Sur le vaisseau public ce pilote égaré.

Présente à tous les vents un flanc mal assuré.

Y a-t-il un sort plus funeste que celui de l'envieux ?

« Il y a des gens, à ce que nous dit le Chevalier François Bacon, qui ont observé que le temps auquel l'œil malin porte le plus de préjudice, est lorsque la personne enviée triomphe ou jouit de quelque gloire. »

Et un Philosophe « L'envieux renverse l'ordre de la nature. »

Que ce précepte de Virgile soit donc toujours présent à votre mémoire M. von Schleinitz !

« Ne vous accoutumez pas, dit-il, dès l'enfance à de si cruelles guerres, et n'employez pas vos forces à ruiner votre patrie. »

La leçon profitera-t-elle à tout le monde? Nous l'espérons.

Maintenant lâchons les grands mots, déchirons le voile, attaquons la bête par les cornes. Le vice constitutif de cet imposteur Stieber, c'est le ridicule, c'est l'absurde, c'est l'inique tarif: comme l'a prouvé M. le Procureur Général à l'audience de la cour d'appel de Berlin du 20 novembre que cet homme avait fait débiter par les journaux de Berlin d'infames mensonges au détriment du Prince — *Réclame,* a dit ce Magistrat, *qui n'était qu'un tissu d'inventions.*

Stieber voulait établir son conte de peau d'âne sur un faux témoignage. *À cet effet,* dit le Procureur général Schwarck à ladite audience, *on mit tout en œuvre, on envoya des agents, soldés sur les fonds secrets, à Londres, à Bruxelles et à Paris, où la personne arrêtée avait précédemment séjourné, mais on ne trouva rien.*

Ainsi, Sénèque a donc raison que de dire, « plus notre haine est injuste, plus elle est opiniâtre, Pertinaciores nos facit iniquitas. Et Tacite: C'est le propre de l'homme de haïre ceux, qu'il a injustement offensé. Proprium humani ingenii est, odisse quem laeseris. *in Agric.*

Ce n'est pas nous qui fassions ainsi l'apologie du Prince Léon, mais c'est le premier Magistrat Prussien qui, du haut de la tribune ministerielle, lui a fait recouvrer l'estime publique en anéantissant toute calomnie déclamée à ses dépens par l'imposteur prussien, Stieber.

Voici maintenant un autre récit de ce Magistrat à la même audience:

Après cent jours d'emprissonnement et de mauvais traitements, le Malheureux fut transporté pendant La Nuit à la frontière et chassé du territoire prussien.

Voila comment on observait les lois de l'hospitalité en Prusse! apres avoir dépouillé un Prince étranger de ses effets de valeur, de son argent, on le transporta pendant *La Nuit* à la frontière et le chassa du territoire prussien.

C'est là une action odieuse contre laquelle nous n'avons pas besoin de protester; nous laissons au public d'en apprecier. Mais nous tenons à faire remarquer le contraste qui existe entre le discours de M. le Procureur général Schwarck et celui de M. Schleinitz tenu à la chambre des députés.

Tandis que le premier déplorait la Prusse, à cause de la tyrannie qu'on y avait exercé; ce dernier, au contraire, en était charmé! Si la tyrannie est un charme en Prusse, elle n'est nullement au continent. Il faut que M. von Schleinitz ait réellement, le cerveau troublé pour vouloir se faire l'émule du Ministre Anglais. Dans son discours à la Chambre Prussienne, il disait qu'il avait été en Angleterre et qu'il connaissait à fond et ce pays et cette nation. Si cela est vrai, M. Schleinitz n'avouera jamais qu'il soit décent à un Roi d'abuser l'hospitalité! en ce cas, nous nous écrions avec Horace: « En traversant l'Océant, on change de climat sans changer d'inclination. »

Cœlum, non animum, mutant, qui trans mare currunt.

M. le Procureur général Schwarck a ensuite abordé un fait qui est digne d'être rapporté. Il expliqua la complicité de Noerner, en ces termes: « Le procureur du roi Noerner (mis en disponibilité il y a quelque temps à cause de sa conduite trop honnête (sic!) loin de s'opposer à un excès commis par Stieber, y aida, au contraire, de son mieux. Il saisit à la poste la cosrespondance du prévenu et la livra à la police. »

Donc il y a à Berlin une propagande de voleurs parmi les agents de l'autorité prussienne. On saisit à la poste les lettres des voyageurs dans lesquelles on était sûr de trouver de l'argent. Le proverbe a raison de dire que « Les voleurs sentent de loin l'argent des voyageurs. »

On ne sait vraiment à qui décerner la palme de l'infamie, s'il faut choisir entre ces deux individus.

Et pourtant M. Vincke ne souffla parole pour toutes ces ignominies commises à ses yeux. Ce qui nous prouva que la barbarie était aussi dans le goût du fameux député. Cela étant, nous pouvons lui dire sans manquer à la bienséance: vos discours, M. von Vincke, sentaient le vieillard oisif.

Stieber n'a rien oublié pour s'acquiter parfaitement bien de son devoir dans l'acte infament, il voulait d'abord étouffer le *Times* (Journal Anglais) qui était son Cauchemar.

Car ce Journai savait mieux à Londres, tout ce qui s'était passé à Berlin que les Ministres prussiens eux-mêmes; et cela génait à cet imposteur dans son honnête trafic (sic!).

Or, Stieber ne pouvant faire main basse sur la lunette d'approche du Times, il avait pris le parti de l'accuser de complicité, de le blâmer par une attaque haineuse, par un langage railleur, insultant dans les journaux de Berlin, c'était sa Jérémiade. Mais quel rapport ce Journal pouvait avoir avec le Prince d'Arménie? c'est ce que ces Journalistes malicieux n'ont point expliqué.

Leurs injures révoltaient tout le monde, mais ne persuadaient personne.

Nous nous étonnons néanmoins que le *Times* n'ait pas réfuté avec énergie l'article impudent inséré aux journaux prussiens en 1855.

Malheureusement nous fûmes tous en Orient, lorsque le Prince Léon fut maltraité à Berlin....

Mais, depuis tant de mois que le Prince d'Arménie a tous les Journaux Allemands et Russes sur les bras, est ce qu'il a a perdu un pouce de ses droits, un soufle de l'amour de ses compatriotes à son égard? Non.

Car il n'est pas de sentiment qui fasse vibrer plus profondement le cœur des Arméniens que le Souvenir de leur Prince légitime.

Il y a qu'un nom qui fût connu de millions d'Arméniens dans les chaumières même les plus reculées, qui fût la légende des pères et l'alphabet des enfants: celui du Prince Léon d'Arménie.

Le Prince Léon dont tout le monde a pleuré la sortie de son pays était l'ornement de notre Patrie par les rares vertus de son esprit et de son coeur.

L'Arménie libre et independante était l'unique rêve de sa Jeunesse, c'est aussi son voeu d'aujourd'hui.... Dans son pays il n'a pas besoin de réhabiliter le Prince, mais les Journaux prussiens sont répandus et nous ne voulons pas laisser accréditer par notre silence les erreurs que l'impudent scélérat, Stieber, a voulu propager.

Nous portons le débat devant le tribunal de l'opinion européenne, le juge le plus compétent en pareille matière.

Nous faison appel à l'impartialité de tout l'organe des Journaux; et nous mettons toutes ces pièces aux yeux du public.

CONCLUSION.

Nous supprimons toutes les autres protestations adressées à S. M. le Roi Guillaume, alors Prince Régent de Prusse par nos Archevêques contre l'arrestation illégale du Prince d'Arménie à Berlin. Nous aurions beaucoup de choses à dire sur ce sujet, mais il faut les réserver pour un autre endroit.

Toutefois, la Nation Arménienne voudrait savoir si le Gouvernement Prussien voulait faire restituer au Prince d'Arménie *tous ses papiers, son argent et ses effets de valeur que cet imposteur prussien*, Stieber, a confisqué par un prétendu ordre de la légation russe à Berlin!

IL Y A GRANDE DIFFÉRENCE ENTRE
LE PRINCE D'ARMÉNIE
ET UN PRINCE ARMÉNIEN.

L'Arménie est grande, on y compte plus de cent familles princières; donc il y a plusieurs Princes Arméniens, mais un seul Prince d'Arménie.

Si l'un de ces Princes Arméniens avaient commis un forfait ou quelques chose semblable et qu'on attaquasse pour cela le Prince Léon d'Arménie, comme l'on n'a déjà que trop souvent exercé jusqu'à ce jour, nous ne ferions point de scrupule de dire que ces écrivains là ont prostitué leurs plumes aux ennemis politiques du Prince Léon.

Et voici ce qui est arrivé en Europe, dans ce pays qu'on appelle: le pays civilisé! Arrive-t-il qu'un de ces Princes Arméniens ont fait quelque chose, c'est au Prince Léon qu'on fait payer le pot cassé. S'agit-il d'un de ces Princes Arméniens, c'est au Prince Léon qu'on s'en prend. Veut-on arrêter un de ces Princes Arméniens, on jette en prison le Prince d'Arménie.

Ne vaudrait-il pas mieux que ce pays soit moins civilisé et qu'il ait plus de l'humanité et de la justice?

Parmi les Princes Arméniens ceci est devenu un proverbe à la mode que « Le Prince d'Arménie paie pour nous tous en Europe. »

Et pourtant en Europe dans ce même pays ou l'on a commis cette bévue, c'est aux sujets qu'on fait payer pour leur Prince, c'est encore les sujets qui payent à leur Prince.

Il est dans ce pays un nombre d'écrivains qui ne travaillent que pour vivre. La faim, et la soif, sont les Muses, qui les inspirent. Ils ont appricié un pain à six lignes d'écriture, et la cuisine, chez eux, n'est fondée que sur le nombre des feuilles de papier qu'ils barbouillent pour calomnier les honnêtes gens. Nous nous proposons de faire connaître un (Philarète Chasles) qui est le nombre de ceux qui sont écrits de cette manière.

MERCURIALE AUX CALOMNIATEURS
DU PRINCE LÉON.

Après avoir parlé en peu de mots de ces journalistes à l'affûte, nous nous voyons encore obligés de répondre à Philarète Chasles
un adversaire d'une espèce bien différente :

> Une écrivain errant dont la fertile plume
> Barbouille chaque mois un volume.

Cet homme a publié, contre le Prince Léon un libelle tout
rempli d'injures et de mensonges, dans le Journal Des Débats,
le directeur de ce Journal, Edouard Bertin l'y avait inséré. Le
Prince poussé sa patience à bout, envoya directement le cartel
audit Edouard Bertin pour cet effet, mais celui-ci, au lieu de donner satisfaction au Prince, s'était abrité derrier Philarète Chasles.
Ce fameux colomniateur fit réponse au Prince, comme le font tous
les *Lâches*, en ces termes : « *Le premier devoir du plaignant
est de vuider la querelle avec les magistrats et la police de
Berlin.* »

Telle était la conduite de ces deux Lâches ! Comme l'a observé le Prince d'Arménie: « Il faut que ces misérables soient
bien persuadés de nos vertus, surtout de notre indulgence, puisqu'ils nous outragent sans Crainte avec tant de brutalité. »

Philarète Chasles, le fameux auteur de conte de peau d'âne,
parle dans sa lettre *de vider la querelle avec les Magistrats* de
Berlin. Hé bien ! Ce même magistrat a, du haut de la tribune
ministerielle, réhabilité le Prince Léon et a sévèrement blâmé la
conduite odieuse de l'agent Stieber à l'audience de la Cour d'appel de Berlin du 20 novembre 1860.

Ainsi Comment concilier cette version avec celle du calom-
niateur Philarète Chasles ?

Nous pouvons donc appliquer au paltoquet Philarète Chasles, ces vers suivants :

> Toujours le sot aime à médire
> C'est même un vrai besoin pour lui
> Et s'il ne parlait mal d'autrui,
> Il n'aurai jamais rien à dire.

Il n'y a point de Créature plus impudente au monde qu'un
poltron, le roturier Philarète Chasles est de ce petit nombre
d'élus, qui est hardi lors qu'il s'agit de calomnier, mais qui a le
bras faible lorsquil est question de se battre, comme Drances dont
Virgille dit :

> — *linguâ melior, sed frigida bello
> Dextera* — — —

C'est ainsi qu'Homère, pour désigner un homme timide et impudent taxe d'avoir les yeux d'un chien, mais le coeur d'un cerf.

Que Philarète Chasles et Edouard Bertin se rappelent que le Prince n'est pas homme à laisser un outrage impuni et qu'il ne manquerait pas de se venger aussitôt qu'il en trouverait une occasion favorable. Le Prince est un Lusignan. On sait à quoi cette qualité l'engage.

Le Journal des Débats qui est si sensible pour soi, n'a pas la même délicatesse pour les autres; il calomniait les honnêtes gens sans ménagement, et répandait des contes mensongers aux dépens d'autrui sans approfondir le fait.

Et pourtant il a donné l'alarme pour un petit reproche que lui avait fait le Constitutionnel. Voici un passage de son article qui mérite d'être cité:

Les phrases creuses, dit le J. des Débats, *sont insupportables même dans la poésie élégiaque. Qu'on juge de ce qu'elles ont de prix dans la politique.*

Le J. des Débats a répondu à soi pour nous de ses discours insolens envers le Prince d'Arménie.

Donc nous pouvons lui dire qu'il serait plus à propos dorénavant de se taire.

Genève le 50 août 1861

(*Signés*) Prince MAMIGONEAN.
Prince MAGISDROS-ARSACIDE.

Approuvé par Nous en foi de quoi

(*Signé*) LÉON Prince D'Arménie.

ERRATA.

Page 14, ligne 7, au lieu de repousées, lisez repoussées.

Page 16. Clause, lig. dern. difficultê, lisez difficulté.

Page 23, ligne dern. au lieu de convent, lisez couvent.